憨山大師開示語錄

紅塵白浪兩茫茫，忍辱柔和是妙方，
到處隨緣延歲月，終身安分度時光。

僧懺法師——輯錄

憨山大師傳略

我神宗顯皇帝，握金輪以御世，推慈聖皇太后之志，崇奉三寶，以隆顧養。上春秋鼎盛，前星未耀，慈聖以爲憂，建祈儲道場於五臺山妙峯登公與憨山大師實主其事；光宗貞皇帝遂應期而生。於是二公名聞九重，如優曇鉢華，應現天際。妙峯不出王舍城，大作佛事；而大師有雷陽之行，其機緣所至，橫見側出，固非凡情之可得而測也！

大師之遷化於曹溪也，大宗伯宣化蕭公親見其異，爲余道之；已而南海陳迪祥以行狀來謁余表塔，余曰：「有吾師宣化公在，他日請爲第二碑。」又明年乙丑，其弟子居廬山者曰福善，奉全身歸五乳，而留爪髮於曹溪，走書來告曰：「大師東遊，得子而喜曰：『刹竿不憂倒却矣；』燈炬月落，晤言亹亹，所以付囑者甚至，塔前之銘，非子誰宜爲？」余何敢復辭。

師諱德清，族蔡氏，全椒人也。父彥高，母洪氏，夢大士抱送而生。

七歲，叔父死，屍於林，問母「從何處去？」即抱死生去來之疑。九歲，能誦普門品。年十二，辭親入報恩寺，依西林和尚內江趙文肅公摩其頂曰：「兒他日人天師也！」十九祝髮，受具戒於無極某公。聽講華嚴玄談，至十玄門，海印森羅常住處，悟法界圓融無盡之旨。慕清涼之為人，字曰澄印。從雲谷會公縛禪於天界寺，發憤參究；疽發於背，禱護伽藍神，願誦華嚴十部，乞假三月以畢禪期，禱已熟寐，晨起而病良已，一月之內，恍在夢中；出行市中，儼如禪坐，不見市有一人也。

雪浪恩公長於師一歲，相依如無著天親。嘉靖丙寅，寺燬於火，誓相與畜德俟時，以期與復。師既翛然出世，而雪浪卒為大論師，修治故塔，稍酬誓願焉。師嘗聽講於天界，廁溷清除，了無人蹟，意主東淨者，非常人也，訪之，一黃面病僧，目光激射，遂與定參訪之約，質明則已行矣，即妙峯登公也。

師以江南習氣輭暖，宜入冬冰夏雪苦寒不可耐之地，以痛自摩厲，遂飄然北邁。天大雪，乞食廣陵市中，曰：「吾一鉢足以輕萬鍾矣！」

抵京師，妙峯衣褐來訪，須髮鬖毿，如河朔估客，師望其眸子識之，相視一笑。參徧融貞公，融無語，惟張目直視。又參笑巖，巖問：「何方來？」曰：「南方來。」巖曰：「記得來時路否？」曰：「一過便休。」巖曰：「子卻來處分明。」遊盤山至千像峯石室，見不語僧，遂相與樵汲度夏，時萬曆元年癸酉也。

明年，偕妙峯結冬蒲坂，閱物不遷論，至梵志出家，頓了旋嵐偃嶽之旨，作偈曰：「死生晝夜，水流花謝，今日方知，鼻孔向下。」峯一見遽問師何所得？師曰：「夜來見河中兩鐵牛相鬪入水去，至今絕消息。」峯曰：「且喜有住山本錢矣。」

遇牛山法光禪師，坐參請益，法光發音如天鼓，師深契之。送師遊五臺詩云：「雪中師子騎來看，洞裏潛龍放去休。」且曰：「如此意否？要公不可捉死蛇耳！」

師居北臺之龍門，老屋數椽，在萬山冰雪中，春夏之交，流澌衝擊，靜中如萬馬馳驟之聲，以問妙峯；峯舉百八三十年聞水聲不轉意根當證觀音圓通語，師然之日尋緣溪橫彴，危坐其上，初則水聲宛然；久之忽然忘身；衆籟閒寂，水聲不復聒耳矣。一日粥罷經行，忽立定，光明如大圓鏡，山河大地影現其中；既覺身心湛然，了不可得；說偈以頌之。

遊雁門，兵使胡君請賦詩，甫搆思，詩句逼塞喉吻，從前記誦見聞，一瞬現前；渾身是口，不能盡吐。師曰：「此法光所謂禪病也，惟睡熟可以消之。」擁衲跏趺一坐五晝夜，胡君撼之不動，鳴磬子數聲，乃出定。默坐卻觀，如出入息。住山行脚，皆夢中事，其樂無以喻也！

還山，刺血書華嚴經，點筆念佛，不廢應對，口誦手書，歷然分明。隣僧異之，率徒衆來相嬲，已皆讚歎而去。

嘗夢與妙峯夾侍清涼大師開示，初入法界圓融觀境，隨所演說其境卽現。又夢登彌勒樓閣，聞說法曰：分別是識，無分別是智；依識染，依智淨；染有生死，淨無諸佛；自此識智之分，了然心目也。

師既建祈儲道場，遂遠遁東海之牢山，慈聖命龍華寺僧瑞菴行求得之；遣使再徵不能致，賜內帑三千金，復固辭，使者不敢復命，師曰：『古有矯詔賑饑之事，山東歲凶，以此廣聖慈於饑民，不亦可乎？』使者持賑籍還報，慈聖感歎，率闔宮布金造寺，賜額曰海印。師詣京謝恩。爲報恩寺請藏，上命師齎送；因以便歸省父母。寺塔放光累日，迎經之日，光如浮橋北度，經在塔光中行也。師還，以報恩本末具奏：『願日減饍羞百金，十年工可舉也。』慈聖許之。

歲乙未，而黃冠之難作。師住山十三年，方便說法，東海彌離車地，咸向三寶；而黃冠以侵占道院，飛章誣奏，有旨逮赴詔獄。先是慈聖崇信佛乘，敕使四出，中人譏搆，動以煩費爲言，上弗問也。而其語頗聞於外廷，所司遂以師爲奇貨，欲因以株連慈聖左右，并按前後檀施，帑金以數十萬計拷掠備至；師一無所言，已乃從容仰對曰：『公欲某誣服易耳，獄成，將置聖母何地乎？公所按數十萬在縣官錙銖耳。主上純孝，度不以錙銖故，傷聖母心，獄成之後，懼無以謝聖母，公窮竟此獄，將安歸乎？』主者舌吐不能收。乃具獄上，所列惟賑饑三千金，有內庫籍可考，慈聖及上皆大喜。坐私造寺院，遣戍雷州，非上意也。

達觀可公，急師之難，將走都門，遇於江上，師曰『君命也，其可違乎？』為師作逐客說而別。

師度庾嶺，入曹溪，抵五羊，赭衣見粵帥，就編伍於雷州。歲大疫，死者相枕籍，率衆掩薶，作廣薦法會，大雨平地三尺，癘氣立解。

參政周君率學子來扣擊，舉通乎晝夜之道而知發問，師曰『此聖人指示人要悟不屬生死一着耳！』周君憮然擊節。

粵之孝秀馮昌歷輩，聞風來歸，師擬大慧冠巾說法，搆禪室於壁壘間，說法華至寶塔示現，娑婆華藏，涌現目前，開悟者甚衆。

居粵五年，乃克往錫曹溪，歸侵田，斥俄舍，屠門酒肆，蔚為寶坊，緇白坌集，攝折互用。大鑒之道，勃焉中興！

甲寅夏，師在湖東，慈聖賓天，詔至慟哭！披剃返僧服。

又二年，念達觀法門死生之誼，赴葬於雙徑，爲作荼毗佛事。箴吳越禪人之病，作擔板歌。弔蓮池宏公於雲棲，發揮其密行，以示學者。

自吳門返廬山，結庵五乳峯下，效遠公六時刻漏，專修淨業。居四年，復往曹溪。天啓三年癸亥，宣化公赴召來訪，劇談信宿，公謂：「師色力不難百歲，更坐二十餘夏，如彈指耳。」師笑曰：「老僧世緣將盡，幻身豈足把翫者？」別五日，果示微疾。韶陽守張君來問，師力辭醫藥，坐語如平時。既別，沐浴焚香，集衆告別，危坐而逝，十月之十一日也。曹溪水忽涸，百鳥哀鳴，夜有光燭天。三日入龕，而顏發紅，鬚髮皆長，鼻端微汗，手足如綿，僧徒驚告，謂師復生。蕭公語余：「衰老赴闕，跋涉二萬里，何所爲哉？天殆使爲師作末後證明耳！」嗚呼知言哉！

師長身魁碩，氣宇堂堂。所至及物利生，機用善巧，如日晅雨潤，加被而人不知。山東再饑，師盡發其囷，親泛舟至遼東糴豆，以賑旁山之民，咸免捐瘠。稅使與粵帥有隙，噉市民以白體作難，羣噪圍師府，師緩頰諭稅使解圍，不動聲色，會城以寧。珠船千艘，能採不歸，剽掠海上，而開礦之役，繹騷尤甚；採使謁曹溪，師以佛法攝受，徐爲言開採利害，由是珠船能採不入海，而礦額令有司歲解。制府戴公詒書謝曰：『吾乃今知佛祖慈悲之廣大也！』

師爲余言：『居北臺，大雪高於屋數丈，昏夜可鑑毛髮，堅坐待盡，身心瑩然；暹明塔院僧穴雪以入，相攜行雪洞中里許乃出。當詔獄拷治時，忽入禪定，榜箠刺爇，若陷木石。逾年在雷陽，聞侍者趣呼，逮繫毒楚，卒發幾無完膚。此楞伽筆記所由作也。

師東遊至嘉興楞嚴寺，萬衆圍繞，有隸人如狂易狀，搏顙不已，曰：我寺西仲秀才也，身死尚在中陰，聞肉身菩薩出世，附隸人身求解脫耳。』師爲說三皈五戒，問『解脫否？』曰：『解脫竟，』懵然而覺。師之樹大法幢，爲人天眼目，豈偶然哉？

師世壽七十八。僧臘五十九。前後得度弟子甚衆：從師於獄職納槖饘者，福善也。終始相依於粵者，善與通烱超逸通岸也。貴介子弟，剜臂然燈，以求師道現大士像於瘡痂中，而坐脫以去者，卽墨黃納善也。學士歸依者，馮昌歷為上首；御史王安舜、孝廉劉起相、陳迪祥、歐文起、梁四相、龍璋、皆昌歷之徒也。

師所著有楞伽筆記，華嚴綱要，楞嚴懸境，法華擊節，楞嚴法華通議，起信唯識解，若干卷。觀老莊影響論，道德經解，大學中庸直指，春秋左氏心法，夢遊集，又若干卷。嗟乎！師於世間文字，豈必不逮古人？有不逮焉，亦糟粕耳。師於出世間義諦，豈必不合古人？有不合焉，亦皮毛耳。

惟師夙乘願輪，以大悲智入煩惱海，以無畏力處生死流，隨緣現身，應機接物，末後一著，全體呈露。後五百年，使人知有一大事因緣：是豈可以語言情見擬議其短長者哉？是故讀師之書，不若聽師之言，聽師之言，又不若周旋瓶錫，夷考其生平，而有以知其願力之所存也！

謙益下劣鈍根，荷師記莂。援据年譜行狀，以書茲石，其詞寧繁而不殺者，欲以示末法之儀的，啓衆生之正信！

按：大師夢遊集，中有吳應賓錢謙益撰塔銘二篇及陸夢龍撰傳，上錄，乃錢著也，銘文略去。大師自著有年譜，為歷代高僧自傳僅有之傑作，足與玄奘三藏自撰西域記相媲美；近蘇州弘化社印有憨山大師年譜疏單行本，凡學佛緇素，均宜一讀！

民國甲戌中秋，後學僧徽謹錄。時在武昌淨行關房。

高僧選集

憨山大師集

目錄

高僧選集

憨山大師集

明憨山大師著
後學僧懺選輯

百法論義

佛說一大藏敎，只是說破三界唯心，萬法唯識。及佛滅後，弘法菩薩解釋敎義，依唯心立性宗，依唯識立相宗，各豎門庭，甚至分河飲水，而性相二宗不能融通，非今日矣。唯馬鳴大師作起信論，會相歸性，以顯一心迷悟差別。依一心法立二種門：謂心眞如門，心生滅門。良以寂滅一心，不屬迷悟，體絕聖凡；今有聖凡二路者，是由一心眞妄迷悟之分。故以二門爲聖凡之本。故立眞如門，顯不迷之體；立生滅門，顯一心有隨緣染淨之用。故知一切聖凡修證迷悟因果，皆生滅門收。其末後拈華爲敎外別傳之旨，乃直指一心，本非迷悟，不屬聖凡，今達磨所傳禪宗是也。其敎中修行，原依一心開示，其所證入，依生滅門悟至眞如門以爲極則。其唯識所說十種眞如，正是對生滅所立之眞如耳。是知相宗唯識，定要會歸一心爲極。此唯楞嚴所說一路涅槃門，乃二宗之究竟也。學人不知其源，至談唯識一宗，專在名相上作活計，不知聖人密意，要人識破妄相以會歸一心耳。故今依生滅門中，以不生滅與生滅和合成阿賴耶識，變起根身器界，以示迷悟之源。了此歸源無二，則妙悟一心，如指諸掌矣。

相宗百法者，正的示萬法唯識之旨也。以不生滅心與生滅和合成阿賴耶識。以此識有覺不覺義：其覺義者，乃一心眞如，爲一切衆生正因佛性。其不覺義者，乃根本無明，迷此一心而成識體。故此識有三分：謂自證分，見分，相分。又一師立四分，增證自證分。其證自證分，卽不迷之眞如。其自證分，乃眞如一分迷中之佛性，是爲本覺。以衆生雖迷，而本有佛性不失不壞，以有眞如自體可證，故云自證。良由一心眞如，有大智慧光明義故。今迷而爲識，以湛寂之體，忽生一念，迷本圓明。則將本有無相之眞如，變起虛空四大之妄相，名爲相分。將本有之智光，變爲能見之妄見，是爲見分。是知一切衆生世界有相之萬法，皆依八識見相二分之所建立；故云萬法唯識，此實相宗之本源也。今唯識宗，但言百法者，始因彌勒菩薩修唯識觀，見得萬法廣博，鈍根衆生難以修習，故就萬法中最切要者，特出六百六十法，造瑜伽師地論以發明之，可謂簡矣。及至天親菩薩，從兜率稟受彌勒相宗法門，又見其繁，乃就六百六十法中，提出綱要，總成百法，已盡大乘奧義，故造論曰百法明門；謂明此百法，可入大乘之門矣。故欲知唯識，要先明此百法，以此百法，乃八識所變耳。以一切衆生，皆依此識而有生死，三乘聖人，皆依此識而有修證，通名世出世法，卽此百法收盡。然一切聖凡，皆執爲我，故論首標云：『如世尊言：一切法無我，』卽顯此一無字，便見世尊出世說法四十九年，單單只說破聖凡之我見耳。我見既離，則八識無名，而一心之義顯矣。由是觀之，何相而不歸性耶？今言百法，通名有爲無爲世出世法，其世間名有爲法有九十四，出世間名無爲法有六種，故一切兩字，包括殆盡；雖云出世，猶未離我，故總無之。所以論主標「一切法無我」一句，爲性相之宗本，則了無剩法矣。

其有爲法九十四者：謂心法有八，心所法有五十一，色法有十一，不相應行法有二十四。

然心法八者：謂眼識，耳識，鼻識，舌識，身識，意識，第七末那識，（亦名意，亦名染淨依，俗呼傳送識。）第八阿賴耶識。（亦名無沒識，又名含藏識。）此八識通名心王。以第八識，乃自證分，爲生死主；其前七識，乃屬見分，以爲心用。故楞嚴云：『元以一精明分成六和合。』八識心王，無善無惡，不會造業，其作善作惡者，乃心所也。故五十一心所，又名心使，如世人家之奴僕，主人固善而奴僕作惡累及主耳。起信論中不分王所，但豎說三細六麤生起之相，通名五意，六種染心，但云「心念法異」一語而已。然心卽八識心王，念卽心所，法卽善惡境界，此唯識相宗乃橫說八識王所業用，故不同耳。

其五十一心所，分爲六位：一、徧行五法，謂意，觸，受想，思。二、別境五法，謂欲，解，念，定，慧。三、善心所有十一：謂信，進與慚，愧，無貪等三根，輕安，不放逸，行捨，及不害。四、根本煩惱有六：謂貪，嗔，癡，慢，疑，不正見。五、隨煩惱二十，分小中大，小隨有十者：謂忿，恨，惱，覆，誑，諂，驕，害，嫉，慳；中隨二者：謂無慚幷無愧；大隨八者：謂不信，幷懈怠，放逸，及昏沈，掉舉，失正念，不正知，散亂。所言隨者，乃隨其根本煩惱分位差別。分小中大者，以有三義：一自類俱起，二徧染二性，謂不善有覆；三徧諸染心。三義皆具名大，具一名中，俱無名小。六、不定法四者：謂悔，眠，尋，伺，以此四法不定屬善屬惡故。此五十一心所，皆作善作惡之具也；而有麤細之不同。

偏行五者，乃善惡最初之動念也。雖有五法，其實總成一念。以第八識元一精明之體，本無善惡二路；其前五識，乃八識精明，應五根照境之用，同一現量，亦無善惡；其六七二識，正屬八識之見分，其七乃虛假。故楞伽云：『七識不流轉，非生死因。』其六識元屬智照，今在迷中，雖善分別，況是待緣，亦本無善惡？若無偏行五法，則一念不生，智光圓滿，現量昭然，卽此名爲大定，六根任運無爲矣。無奈八識田中，含藏無量劫來善惡業習種子，內熏鼓發，不覺動念，譬如潛淵魚，鼓波而自踊，是爲作意。警心令起，不論善惡，但只熏動起念處，便是作意。此生心動念之始也。由衆生無始以來，未嘗離念，故今參禪看話頭，堵截意識不行，便是不容作意耳。觸則引心趣境，蓋境有二：其習氣內熏者，乃無明因緣所變爲境，發出現行，則以此似量所緣前塵影子爲境。二境返觸自心，故名爲觸。此妄境一現，則違順俱非境相，含受不捨，是名爲受。境風飄鼓，安立自境，施設名言，故名爲想。微細不斷，驅役自心，令造善惡，故名爲思。其實五法圓滿，方成微細善惡，總爲一念，此最極微細，故云流注生滅。言偏行者，謂偏四一切心得行故；謂偏三性，八識，九地，一切時也。是爲恆行心所。參禪只要斷此一念，若離此一念，卽是眞心。故起信云：『離念境界，唯證相應故。』

別境五者，正是作善作惡之心也。前偏行五，雖起一念善惡，但念而未作，若肯當下止息，則業行自消。及至別境，則不能止矣。言別境者，謂別別緣境，不同偏行，此乃作業之心耳。因前偏行，作後善惡，體通麤細。欲者、樂欲，謂於所樂境，希望欲作，此正必作之心也。解者、勝解，謂於境決定，知其可作，不能已也。念者、明記，謂於可作境，令心分明記取不忘也。定、專一，謂於所觀境，專注一心也。慧、黠慧，謂於所作境，了然不疑也。此五別別緣境而生，若無此五，縱有善惡之念，亦不能作成事業。而此五法不唯善惡，卽出世修行，亦須此五乃能成辦也。上乃起業之心，下乃造作之業，其業不過善惡二途，其善業止有十一，其惡業則有根本煩惱六，隨煩惱二十，故世間衆生作善者少而作惡者多也！

善十一者：善謂信，慚愧，無貪等三根，勤，安，不放逸，行捨，及不害。此十一法，收盡一切善業。世出世業以信爲本，故首列之。慚者，謂自慚，云我如此丈夫之形，又解教法，敢作惡耶？有此慚心，則惡行自止。愧者，愧他，謂恐人譏呵，故不親惡人，不作惡事。經云：「有慚愧者，可名爲人，」既具信心，加增慚愧，則善法自成矣。貪，嗔，癡三者，乃根本煩惱，亦名三毒；作善之人，此三不斷，何以爲善？故皆無之。若無此三毒，是爲三善根。勤者，精進也；既斷三毒，純一善心，必加精進勇猛，善行方增。此治懈怠之病，世有淳善之人，無精進力，軟暖因循，故終身無成。輕安者，謂離三毒麤重昏懵，如釋重負，則身心輕快安隱，堪任善行也。不放逸者，以縱貪嗔癡，無精進心，是爲放逸。此不放逸，乃三根精進四法上防修之功能也。行捨者，由精進力，捨貪嗔癡，則令心平等正直，任運入道，以念念捨處，卽念念入處，如人行路，不捨前步，則後步不進，故名行捨。以有此捨，令心不沈掉，故平等耳。言行蘊中捨者，以行陰念念遷流者，乃三毒習氣熏發妄想，不覺令心昏沈掉舉，若無此捨，不但昏掉將發現行，若能念念捨之，則昏掉兩捨，自然令心平等正直矣。初用力捨，名有功用，若捨至一念不生，則任運無功，自然合道矣。故予教人參禪做工夫，但妄想起時，莫與作對，亦不要斷，亦不可隨，但撇去不顧，自然心安；蓋撇卽捨耳。不害者，謂慈愍衆生，不爲損惱；此專治嗔，不嗔則外不傷生，內全慧命，故爲至善，如儒之仁，而善法繫之終焉。

根本煩惱六者：謂貪，嗔，癡，慢，疑，不正見。此六煩惱，乃二種我法之根本，爲二種生死之根本：一切枝末從此而生。然貪嗔癡名爲三毒，傷害法身，斷慧命者，唯此爲甚，故首標之。慢乃我慢。疑乃不信。不正見卽邪見。此三法障道之本，慢障無我，疑障正信，不正見障正知見，三乘能斷三毒，而不能斷此三法，外道之執，邪見更甚，所以修行難入正行者；此三煩惱之過也！法華名爲十使煩惱，謂貪，嗔，癡，慢，疑，爲五鈍使；不正見分五，謂身見，邊見，邪見，戒取，戒禁取爲五利使。由此煩惱能使衆生漂流苦海，故名爲使。

隨煩惱二十者：謂忿，恨，惱，覆，誑，諂，驕，害，嫉，慳此十爲小隨。無慚，無愧，此二爲中隨。不信，懈怠，放逸，昏沈，掉舉，失正念，不正知，散亂，此八爲大隨。所言隨者，以隨他根本煩惱而生故。言小中大者，以隨有三義：謂自類俱起，偏染二性，謂不善有覆，偏諸染心具三名大，具一名中，大小俱起故。行相麤猛，各自爲主，故名小隨。以忿等十法，各別而起故，其無慚無愧，則一切不善心俱，大小俱起，名中。由無慚愧則昏掉不信等一齊俱起，故名爲大。蓋無慚愧及不信等，與上善法相返，義相對照可知，不必繁解，要知請詳唯識。

不定四者：謂悔，眠，尋，伺。論曰：『不定謂悔眠，尋伺二各二。』謂此二二，各具善惡二法，故不定於一；以不同前五位心所，定徧八識三性一切時一切地，此心所之差別也。悔不定者，如作惡之人，改悔爲善悔前惡行，如作惡之人，悔前惡事不作，故不定耳。眠謂睡眠，則令身不自在，心極暗昧，此非善惡，故名不定。卽眠中作夢，亦不定善惡，論說眠能障觀，以眠爲心所者，能令身心昏重之用，但非一定善惡耳。言尋伺者，乃作善作惡之心，將作之時，必返求於心，意言籌量，麤轉爲尋，入細爲伺，所謂麤細發言。言不定者，如讚佛菩薩，初尋後伺，方得妙辭；如刀訟之人，亦由尋入伺，方得成算，故此二法爲不定耳。

如上五十一法名心所者，乃心家所有之法也。然八識心王不會造業，其造業者乃心所爲之，以此與心相應故同時起耳。此心所法，又名心數，亦名心迹，亦名心路，謂心行處總名妄想；又名客塵，又名染心，又名煩惱。煩者擾也，惱者亂也，有此心所，擾亂自心。然清淨心中本無此事，如清冷水投以沙土，則土失留礙，水亡清潔，自然渾濁，名煩惱濁；今修行人專要斷此煩惱，方爲眞修！楞嚴經云：『如澄濁水，沙土自沈，清水現前，名爲初伏客塵煩惱，去泥純水，名爲永斷根本無明。』故修行人縱得禪定，未斷煩惱，但名清水現前，而沙土沈底，攪之又濁；況未得禪定而便自爲悟道乎？如阿難蒙佛開示如來藏性，徹底分明，而自述所悟，但曰心迹圓明，以向來都是妄想用事，全不知不見，今日乃見此是煩惱，方得圓明了了耳。今人以妄想爲悟心，豈非自顛耶？然此心所，名雖相宗，要人識破此妄想相，則容易妙悟本有眞心矣，豈直專數名相而已哉？

已上雖分王所，總屬八識之見分。

十一色法者，謂眼，耳，鼻舌身五根，色，聲，香，味，觸，法六塵。此五根乃八識攬地水火風四大所成內身，爲識所依之根。五塵亦是四大能所八法所造，爲所受用境；其法塵乃外五塵落謝影子，屬六識所變，一半屬心一半屬境。此十一法，通屬八識相分境，以唯識所現故。

問曰：此五根身，乃衆生之內身，言攬四大所成，此義云何？

答曰：楞嚴經云『迷妄有虛空依空立世界，想澄成國土，知覺乃衆生。』此言因迷一心，轉成阿賴耶識，則靈明眞空，變爲頑空，於頑空中，無明凝結成四大妄色，故云依空立世界；乃妄想澄凝所成之國土耳。由有四大妄色，則本有之智光，轉爲妄見，以彼妄色爲所見之境，妄見既久，則摶取四大少分爲我，而妄見托彼四大以爲我身，故四大本是無知，因妄見執受而有知，眞心無量，今被無明封固，潛入四大以爲心，所謂色雜妄想，想相爲身，故云知覺乃衆生，是爲五蘊之衆生耳。故內五根外六塵通屬八識之相分。故參禪必先內脫身心外遺世界者，正要泯此相見二分，單究八識無明本體，故身心世界不消，總是生死之障礙耳！所言分別我法二執者，以執身爲我執，根塵爲法執，二乘修行，但破身見，則出分段生死，其分別法執，從初信心，歷三賢位，直至初地，方破此執，豈易易哉？

二十四種不相應者，此乃色心分位，蓋依前三法上一分一位假立得等之名，揀非心心所色等，故名不相應。以不與心王相應，以不能作善作惡，故非心所，但係唯識所計分位差別。以是我所執之法，故亦列在有爲法數。義有多解，非所急務，故不必一一，恐妨正行耳。

此上九十四種名有爲法，以是衆生生死之法，乃妄識所計，有造作故，故名有爲，名世間法。下六無爲，乃出世法。

無爲法有六種者：謂虛空無爲，擇滅無爲，非擇滅無爲，不動無爲，受想滅無爲，眞如無爲。此六種法，揀異有爲，故立無爲名。雖云出世法，實通小乘，以不動乃三果那含，受想滅乃滅盡定耳。虛空無爲者，從喩得名；謂無爲法體若虛空，無所造作。下五無爲，通以此喩。然此虛空喩，有大小不同，如華嚴云：『若人欲識佛境界，當淨其意如虛空；遠離妄想及諸取，令心所向皆無礙。』又云：『清淨法身，猶若虛空。』此則直指法界性空，卽起信所云：『如實空鏡，以體絕妄染，故如虛空。』此乃大乘法性眞空，實一心之別稱也。此中虛空，義通大小，正取虛豁無有造作，以作下五無爲眞諦之喩耳。擇滅無爲者，擇謂揀擇，滅謂斷滅。由無漏智斷諸障染所顯眞理，故立斯名。此在權敎菩薩分斷分證，及二乘所證涅槃空法，正屬擇滅；故曰證滅高證無爲，實在二乘。非擇滅者，謂不由擇力，緣缺所顯。卽實敎菩薩以如實觀，觀諸法性本自寂滅，以立此名。不動無爲者，謂第四禪，離前三定，三災不至，無喜樂等動搖身心，得不動名，卽五那含定。受想滅無爲者，無所有處，想受不行，名受想滅無爲，通滅盡定。此與不動皆屬二乘。眞如無爲者，理非倒妄，不妄不變，名爲眞如；以遠離依他徧計，此正唯識所證十種眞如。若依起信，正是八識體中本覺，及眞如門，乃對生滅之眞如，未盡一心，故是相宗之極則。

此上百法乃總答云何一切法也。下答云何爲無我：

言無我者，略有二種：一補特伽羅無我，二法無我。此二無我，直顯一心之源也。蓋我法二執，有麤有細，麤者名分別我法二執，細者名俱生我法二執；此二種執，始從凡夫外道二乘，歷三賢十聖，直至等覺，方纔破盡，破此二執，卽證一心，是名爲佛。今此二無我，則麤細二執皆在此中。

言補特伽羅，云數取趣，謂諸有情數數起惑造業，名爲能取，當來五趣，名爲所取。此蓋就凡夫所執分別五蘊假我及外道所執之神我以取分段生死之苦者而言也。其實二乘所執蘊卽離我，及涅槃我，與地上菩薩未破藏識，七地已前俱未離俱生我執，以取變易生死之微苦者。今論中但說凡夫分別之我，未及聖人，蓋就相宗一往所談耳；其實佛意以聖教量盡皆破之，方極大乘之義也。

法無我者，謂我所執之法也。凡夫法執，卽身心世界六塵依報，外道所執妄想涅槃，二乘所執偏空涅槃，菩薩所執取證眞如。論云：『現前立少物，謂是唯識性；以有所得故，非實住唯識。』以有證得，是爲微細法執，所謂存我覺我，俱名障礙。故八地菩薩已證平等眞如，尚起貪著，是謂微細法執。此執未空，故未盡異熟，尚屬因果，直至金剛道後異熟空時，卽入果海。卽起信云：『菩薩地盡，覺心初起，心無初相，遠離微細念，故得見心性，名究竟覺。』

是則按此百法，前九十四，乃凡夫所執人法二我，六種無爲，乃二乘菩薩所執人法二我，以雖證眞如，猶屬迷悟對待，總屬生滅邊收。故今生滅情忘聖凡不立，方極一心之源，故皆無之，此實卽相歸性之極則也。嗟今學者，但只分別名相，不達卽相卽性歸源之旨，致使聖敎不明，而有志參禪者，欲得正修行路，可不儆哉！

大學綱目決疑 并題辭

余十九棄筆硏，三十入山絕文字，五十被譴，蒙恩放嶺外，於今十四年矣。往來持鉢五羊，諸子謬推為知言，時時過從問道，余卒無以應，若虛來實往，愧矣愧矣！間有以禪覛者，余則若啞人喫黃蘗耳。己酉秋日，偶乞食來，諸子具香齋於法社，余得捧腹，是諸子果我也。食訖，請益，余但吐粥飯氣耳。含羞而別。舟還曹溪。思諸子飽我；我非一日矣，覺莫酬嘗。有以顏子問仁章語者，余咿嗚而已。卽有言不能徧，徧亦不能盡，而求悅可衆心者，談不易也。以諸子之食難消，腹猶果然，舟中睡足，閒侍者讀大學，聒我疑焉，因取經一章，按綱目設問答以自決，且引顏子問仁章以參會之，如鼓刀然，兩半餉而卒業，讀之不成句，非文也。諦思自幼讀孔子書，求直指心法，獨授顏子以眞傳的訣，餘則引而不發，向不知聖人心印，盡揭露於二百五言之間，微矣微矣，豈無目耶？嗟嗟！余年六十四矣，而今乃知，可謂晚矣，恐其死也，終於泯泯，故急以告諸子。諸子年或過余半，未半者，幸而聞此，可謂蚤矣。如良馬見鞭影，一息千里，有若鵝王擇乳，豈不以此爲粥飯氣耶？是特有感於一飯而發，願諸子持此以餉天下之餓者，非敢言博施也。己酉中秋前二日，方外德清書於須陽峽之舟中。

（一）大學之道在明明德在親民在止於至善

大學者，謂此乃沒量大人之學也。道字，猶方法也。以天下人見的小，都是小人，不得稱爲大人者，以所學的都是小方法。即如諸子百家，奇謀異數，不過一曲之見，縱學得成，只成得個小人。若肯反求自己本有心性，一旦悟了，當下便是大人。以所學者大，故曰大學。大學方法不多些子，不用多知多見只是三件事便了：第一，要悟得自己心體，故曰在明明德。其次，要使天下人個個都悟得與我一般，大家都不是舊時知見，嶄新作一番事業，無人無我，共享太平，故曰在親民。其次，爲己爲民，不可草草半途而止，大家都要做到徹底處，方纔罷手，故曰在止於至善。果能學得者三件事，便是大人。

兩個明字，要理會得有分曉。且第一個明字，乃光明之明，是指自己心體。第一個明字有兩意：若就明德上說自己工夫，便是悟明之明。謂明德是我本有之性，但一向迷而不知，恰是一個迷人，只說自家沒了頭，馳求不得，一日忽然省了，當下知得本頭自在，原不曾失。人人自性本來光明廣大自在，不少絲毫，但自己迷了，都向外面他家屋裏討分曉，件件去學他說話，將謂學得的有用。若一旦悟了自己本性光光明明，一些不欠缺，此便是悟明了自己本有之明德，故曰明明德。悟得明德，立地便是聖人。此就工夫爲己分上說。若就親民分上說，第一個明字，乃是昭明之明，乃曉諭之意，又是揭示之義，如揭日月於中天，卽是大明之明。二意都要透徹！

問：如何是至善？答：自古以來，人人知見，只曉得在善惡兩條路上走，只管教人改惡遷善，此是舊來知見，有何奇特？殊不知善惡兩頭，乃是外來的對待之法，與我自性本體，了不干涉。所以世人作惡的可改爲善，則善人可變而爲惡，足見善不足恃也。以善不到至處，雖善不善。故學人站立不住，以不是到家去處，非可止之地。以此看來，皆是舊日知見習氣耳。今言至善，大是悟明自性本來无善无惡之眞體，只是一段光明，无內无外，无古无今，无人无我，无是无非，所謂獨立而不改，此中一點著不得，蕩无纖塵。若以善破惡，惡去善存，此猶隔一層。卽此一善字，原是客塵，不是本主，故不是至極可止之地。只須善惡兩忘，物我迹絕，无依倚，无明昧，无去來，不動不搖，方爲到家時節。到此，在己不見有可明之德，在民不見有可新之民，渾然一體，乃是大人境界，無善可名，乃名至善。知此，始謂知止。

（二）知止而後有定定而后能靜一節

定字，乃指自性本體，寂然不動，湛然常定，不待習而后定者。但學人不達本體本來常定，乃去修習強要去定，只管將生平所習知見，在善惡兩頭，生滅心上求定如猢猻入布袋，水上按葫蘆，似此求定，窮年也不得定。何以故？病在用生滅心存善惡見，不達本體，專與妄想打交滾；所謂認賊爲子，大不知止耳。苟能了達本體，當下寂然，此是自性定，不是強求得的定。只如六祖大師開示學人用心云：「不思善，不思惡，如何是上座本來面目？」學人當下一刀兩段，立地便見自性，狂心頓歇，此後再不別求，始悟自家一向原不曾動。此便是知止而后有定的樣子。又云：「汝但善惡都莫思量，自然得見心體。」此便是知止的樣子。所以學人貴要知止，知止自然定。

靜字與定字不同：定是自性定體。此靜乃是對外面擾擾不靜說，與定體遠甚。何也？以學人一向妄想紛飛，心中不得暫息，只管在知見上强勉遏捺，將心主靜，不知求靜愈切而亂想益熾，必不能靜。何以故？蓋爲將心覓心，轉覓轉遠，如何得一念休息耶？以從外求入，如人叫門不開，翻與守門人作閙，閙到卒底，若眞主人不見面，畢竟打閙不得休息；若得主人從中洞開重門，則守門者亦疾走無影，而求入者眞見主人，則求見之心亦歇滅無有矣。此謂狂心歇處爲靜耳。若不眞見本體，到底決不能靜，故曰定而后能靜。

安字，乃是安穩平貼之義。又如安命之安，謂自足而不求餘也。因一向求靜不得，雜念紛紛，馳求不息，此心再無一念之安；而今既悟本體，馳求心歇，自性具足，旡欠旡餘，安安貼貼，快活自在。此等安閒快活，乃是狂心歇處而得，故曰靜而後能安。

慮字，不是妄想思慮之慮，亦不是憂慮之慮，乃是不慮之慮。故曰：「易，無思也無慮也，寂然不動感而遂通天下之故。」又曰：「百慮而一致。」又曰「不慮而徧。」正是者個慮字。謂未悟時，專在妄想思慮上求，即一件事千思萬慮，到底沒用也慮不到；多思多慮，於心轉見不安。今既悟明此心安然自在，舉心動念，圓滿洞達，天下事物了然目前。此等境界不是聰明知見算計得的，乃是自心本體光明炤耀，自然具足的，故曰安而後能慮。

得字，不是得失之得，乃是不滲漏之義。聖人泛應曲當，羣情畢炤，一毫不謬，徹見底原，一一中節，故謂之得，非是有所得也。初未明明德時，專用妄想思慮，計較籌度，縱是也不得。何以故？非眞實故。今以自性光明，齊觀竝炤羣情異態，通歸一理，故能曲成而不遺，此非有所得。蓋以不慮之慮，无得之得，故曰慮而后能得，言非偶爾合節，特由慮而合故。

（三）古之欲明明德於天下者一節

此釋上本末先后之序，以驗明明德親民之實效也。就成己工夫上說，則以明明德爲本，新民爲末，蓋從根本說到枝末上去。今就成物上說，故從枝末倒說到根本處來。以前從一心知止上，做到慮而能得：到此則天下事物，皆歸我方寸矣。今欲要以我既悟之明德，以揭示天下之人，願使人人共悟。蓋欲字卽是願力，謂我今既悟此明德之性，此性乃天下人均賦共稟者，豈忍自知而棄人哉？故我願揭示與天下之人，使其同悟同證，但恐負此願者，近於迂闊，難取速效。且天下至廣，豈可一蹴而徧，故姑且先從一國做將去，所謂知遠之近；若一國見效，則天下易化矣。昔堯都平陽，舜宅百揆，湯七十里，文王百里，皆古之欲明明德於天下之君也，孰不從願力來？余故曰：欲，願力也。

身為天下國家之本，經文向後，總歸結在修身上，可見修身是要緊的事。而此一件事，最難理會，豈是將者血肉之軀，束斂得謹愼端莊，如童子見先生時，卽此就可治國乎？豈是身上件件做得模樣好看，如戲場上子弟相似，卽此可以平天下乎？故修身全在心上工夫說，只如顏子問仁，孔子告以克己復禮為仁，此正是眞正修身的樣子。隨告之曰：「一日克己復禮，天下歸仁。」此便是眞正治國平天下的實事。若不信此段克己是修身實事，如何顏子請問其目，孔子便告之以四勿乎？且四勿皆修身之事也。克己乃心地爲仁之工夫也。克己爲仁，卽明明德也。天下歸仁，卽新民也。爲仁由己，此己乃眞己，卽至善之地。故顏子隳聰明，黜肢體，心齋坐忘，皆由己之實效至善之地也。夫人之一身作障礙者，見聞知覺而已。所謂視聽言動，皆古今天下人人舊有之知見，爲仁須是把舊日的知見一切盡要剗去，重新別做一番生涯始得，不是夾帶著舊日宿習之見可得而入；以舊日的見聞知覺都是非禮，雜亂顚倒，一毫用不著，故剗心摘膽，拈出箇勿字。勿是禁令驅逐之詞，謂只將舊日的視聽言動盡行屏絕，全不許再犯，再犯卽爲賊矣，此最嚴禁之令也。顏子一聞，當下便領會，遂將聰明隳了，將肢體黜了，一切屏去，單單坐，坐而忘，忘到無可忘處，翻身跳將起來，一切見聞知覺全不似舊時的人，乃是從新自己別修造出一箇人身來一般。如此豈不是新人耶？自己旣新，就推此新以化民，而民无不感化而新之者；此所謂一日克己復禮天下歸仁，正修身之效也。不如此，何以修身爲治國平天下之本耶？

心乃本體爲主；意乃妄想思慮，屬客。此心意之辨也。今要心正，須先將意根下一切思慮妄想，一齊斬斷，如斬亂絲，一念不生，則心體純一无妄，故謂之誠。蓋心邪由意不誠，今意地无妄，則心自正矣。故曰：「欲正其心，先誠其意。」

知與意，又眞妄之辨也。意乃妄想，知屬眞知。眞知卽本體之明德，一向被妄想障蔽，不得透露，故眞知暗昧，受屈，而妄想專權。譬如權奸挾天子以令諸侯，如今要斬奸邪，必請上方之劍，非眞命不足以破僭竊。故曰：「欲誠其意，先致其知。」知乃眞主，一向昏迷不覺，今言致者，猶達也。譬如忠臣志欲除奸，不敢自用，必先致奸邪之狀，達於其主，使其醒悟，故謂之致；若眞主一悟，則奸邪自不容其作祟矣。故曰：「欲誠其意，先致其知。」

物，卽外物。一向與我作對者，乃見聞知覺視聽言動所取之境。知，卽眞知，乃自體本明之智光。此一知字，是迷悟之原，以迷則內變眞知爲妄想，故意不誠；不誠，故不明。外取眞境爲可欲，故物不化；不化，故爲礙。是則此一知字，爲內外心境眞妄迷悟之根宗。古人云：「知之一字，衆妙之門，衆禍之門」是也。今撥亂反正，必內仗眞知之力，以破妄想；外用眞知之炤，以融妄境。格，卽禹格三苗之格，謂我以至誠感通，彼卽化而歸我，所謂至誠貫金石，感豚魚，格也。且知有眞妄不同，故用亦異，而格亦有二：以妄知用妄想，故物與我相扞格，此格爲鬬格之格。如云與接爲搆，日與心鬬是也。以眞知用至誠，故物與我相感通，此格乃感格之格。如云「格其非心」是也。且如驢鳴蛙噪窗前草，皆聲色之境，與我作對爲扞格；而宋儒有聞驢鳴蛙噪見窗前草而悟者，聲色一也。向之與我扞格者，今則化爲我心之妙境矣。物化爲知，與我爲一，其爲感格之格，復何疑？

問：眞知無物可對，如何感格於物？答：眞知其實內外洞然，無物可對，而感物之理，最難措口。易曰：「寂然不動，感而遂通天下之故。」寂然不動，知體也；天下之故，外物也；感而遂通，格物也。感通云者，不是眞知鑽到物裏去，以眞知蕩然，旡物當前故也。眞妄心境，不容兩立，外物如黑暗，眞知如白日若白日一昇，羣暗頓滅，殆約消化處說感通耳。以暗感明，則明成暗，今以明感暗，則暗自謝而明獨立，故雖感而本不相到，而重在明也。物體本虛，以妄取著，故作障礙；今以眞知獨炤，則解處洞然，旡物可當情矣。以寂然不動之眞知，達本來無物之幻物，斯則知不待感而自炤，物不待通而自融，兩不相解，微矣微矣！故學人獨貴在眞知，眞知一立，則明德自明，元無一毫造作，大學工夫，所以言明，言知，而修齊治平，皆是物也。

問：始綱領，說明德，親民，止至善，分明是三件事，今條目上只說明明德於天下，終歸到致知格物上，若一件事，是何意？答：聖人此意最妙，千古旡人會得，此中八件事，單單只重在一箇知字。此知字卽明德，乃本體也。

前云第一箇明字有二意，吾向所解致知格物，乃用前悟明一意。工夫已在知止中止字卽寂然不動之知體。知止知字，卽第一箇明字乃工夫，此一段已知致至極處，知體既極，則誠意正心修身之能事畢矣。如此則明德與新民分明兩事，今欲明明德於天下，乃用第二揭示昭明之意，則致知格物，亦可就新民上說。且知止而后有定，是已立；謂知所止，則自己脚跟已立定矣。慮而后能得，是已達；謂已於一切事物通達而不遺，目前旡一毫障礙，則法法皆眞，豈非已達耶?其所以立，所以達，皆仗眞知之力也。故今做新民的工夫，就將我已悟之眞知，致達於萬物之中；萬物既蒙我眞知一炤，則如紅爐點雪，烈日消霜，不期化而自化矣。故云致知在格物。物自化，故謂之格；彼物既格，則我之明德自然炤明於天下，民不期新而自新矣，所謂立人達人也。如此，則明德新民，只是一事。三綱領者，一而三三而一也。故此八事只了明明德於天下一句，且從家國而後及天下者，知遠之近也，明甚。

問：如何格物，就能平得天下？答：且道所格之物是何物？卽天地萬物，盡在裏許，豈除了天地萬物外別尋箇物來格耶？若格物平不得天下，如何孔子說一日克己復禮，天下歸仁？且道天下又是何物？歸仁畢竟歸向何處去？參！參！

問：致知格物，與克己復禮天下歸仁，如何消會？答：克己卽致知，復禮卽格物，天下歸仁卽物格。

問：學人不會。答：己是物，克是致知，復禮則己化，化己豈非格物耶？天下歸仁，何等太平氣象，是謂物格。

問：正心致知，何辨？答：正心乃四勿，先將視聽言動，絕其非禮，但可修身正己，不能化物，若致知專在格物，則達人，其功最大，所以大學重在致知！

問：格物物格先後之旨。答：前八事著先字，總歸重在末後致知上，此是說工夫。今從物格說至平天下，著後字，亦是提起知字，要顯向後七事，都是知字的效驗耳。學人要在此知字上著眼，前云致知格物者，是感物以達其知，此格字，乃感格之格；今言物格而後知至者，是藉物以驗知體。意謂彼物但有一毫不消化處，便是知不到至極處，必欲物消化盡了，纔極得此眞知。如此，則物格之格乃來格之格，所謂神之格思的格字，正是天下歸仁之意。物都來格，方是知之效驗，所以格物，物格，學人須要討分曉。若物都來格了，則一路格去，直到天下平方纔罷手。聖人意旨了然明白，只是要眞實工夫做出，乃見下落。

問：『自天子以至於庶人，壹是皆以修身爲本』，既云只一知字，如何歸到修身上？答：不從修身上做起，不道向虛空裏做，所以聖人分明示汝克己復禮，天下歸仁。以己卽己身，乃是我最親之一物，比外物不同。克己乃是我致知先致在己身一物上，若將自己此物格了，然後格天地萬物，何難之有？故通以修身爲本。

問：格有三義，謂扞格，感格，來格。答：三義通由一人而發也。請以喻明：昔杞梁之妻善哭，夫死哭之，初哭則里人惡其聲，厭其人，故聞其哭則掩耳，見其人則閉目，以其哭異乎人之哭也。其妻亦不以里人厭惡而不哭。哭之既久，里人不覺而哀痛之，亦哭，哭則忘其厭惡也；厭惡忘，則心轉而憐之矣。其妻亦不以其人憐己而不哭，終哭之不休。久則通里人人皆善哭矣，人人皆善哭，則忘其哀痛，而不見若人之爲哭者。人人善哭，哭久則通里以成俗，俗成則人人皆謂自能哭矣。人人自能哭，則視杞梁之妻，猶夫人也，不異己而與之周旋密邇，則無不忘也。且杞梁之妻之哭，非哭其夫也，哭其天也。天乃終身所依賴者；失則不容不哭也。慟，則終天之恨也。以知天不容己，故哭亦不已，奚以人厭惡而可已耶？藉使通里之人日日而詢之，哭更哀也，殆非有意欲人憐己也，豈詢而能止之？卽白刃在前，鼎鑊在後，威而止之不能也，何耶？以此天外無可哭者矣。初哭而人惡之者，以哭之痛，特異於人也；扞格也。哭久而人人皆痛者，以哭之痛，切於人心，故人人皆自痛，非痛杞也；感格也。蓋久而通里善哭以成俗，則不知哭痛自杞出，抑視梁妻直類己焉耳；斯則來格也。此言雖小，可以喻大。

此憨山大師所著大學綱目決疑也。大師居曹溪，章逢之士多負笈問道，大師現舉子身而為說法。今年過吳門舉似謙益曰：「老人遊戲筆墨，猶有童心，要非衲衣下事也。子其謂何？」謙益聞張子韶少學於龜山，聞見未發之中，及造徑山，以格物物格宗旨，言下扣擊，頓領微旨。晚宋稱氣節者，皆首子韶。繇今觀之，子韶抗辨經筵，晚謫橫浦，執書倚立，雙趺隱然，視少年氣節，殆如雪泥鴻爪，非有得於徑山之深而能然乎？今之為子韶者，願力不同，其以世諦而宣正法，則一也。扁鵲聞秦人愛小兒，即為小兒醫。今世尚舉子，故大師現舉子身而為說法，何謂非衲衣下事乎？子韶嘗云：「每聞徑山老人所舉因緣，如千門萬戶，一踏而開。」今之舉子，能作如是觀，大師金剛眼睛，一一從筆頭點出矣！

萬曆丁巳四月，虞山幅巾弟子錢謙益焚香敬題。

答鄭崐巖中丞

凡利根信心勇猛的人修行，肯做工夫，事障易除，理障難遣。此中病痛，略舉一二：

第一、不得貪求玄妙。以此事本來平平貼貼，實實落落，一味平常，更無玄妙。所以古人道：『悟了還同未悟時，依然只是舊時人。不是舊時行履處，更無玄妙，工夫若到，自然平實。蓋由吾人知解習氣未淨，內熏般若，般若爲習氣所熏，起諸幻化，多生巧見。綿著其心，將謂玄妙。深入不捨。此正識神影明，分別妄見之根。亦名見刺。比前麤浮妄想不同，斯乃微細流注生滅。亦名智障。正是礙正知見者。若人認以爲眞，則起種種狂見，最在所忌！

其次，不得將心待悟。以吾人妙圓眞心，本來絕待，向因妄想凝結，心境根塵，對待角立，故起惑造業。今修行人但只一念放下身心世界，單單提此一念向前，切莫管他悟與不悟，只管念念步步做將去。若工夫到處，自然得見本來面目，何須早計？若將心待悟，卽此待心便是生死根株，待至窮劫，亦不能悟。以不了絕待眞心，將謂別有故耳。若待心不除，易生疲厭，多成退墮，譬如尋物不見，便起休歇想耳。

其次，不得希求妙果。蓋衆生生死妄心，元是如來果體，今在迷中，將諸佛神通妙用，變作妄想情慮，分別知見。將眞淨法身，變作生死業質。將淸淨妙土，變作六塵境界。如今做工夫，若一念頓悟自心，則如大冶紅爐，陶鎔萬象，卽此身心世界，元是如來果體；卽此妄想情慮，元是神通妙用，換名不換體也。永嘉云：「無明實性卽佛性，幻化空身卽法身。」若能悟此法門則取捨情忘，欣厭心歇，步步華藏淨土，心心彌勒下生。若安心先求妙果，卽希求之心便是生死根本，礙正知見，轉求轉遠，求之力疲，則生厭倦矣。

其次不可自生疑慮。凡做工夫，一向放下身心，屛絕見聞知覺，脫去故步，望前眇冥，無安身立命處，進無新證，退失故居。若前後籌慮，則生疑心，起無量思算，較計得失；或別生臆見，動發邪思，礙正知見，此須勘破，則決定直入，無復顧慮。大概工夫做到做不得，正是得力處，更加精采，則不退屈。不然，則墮憂愁魔矣。

其次、不得生恐怖心。謂工夫念力急切，逼拶妄想一念頓歇，忽然身心脫空，便見大地無寸土，深至無極，則生大恐怖。於此若不勘破，則不敢向前。或以此豁達空，當作勝妙；若認此空，則起大邪見，撥無因果，此中最險。

其次、決定信自心是佛。然佛無別佛，唯心卽是。以佛眞法身，猶若虛空，若達妄元虛，則本有法身自現；光明寂照，圓滿周徧，無欠無餘。更莫將心向外馳求。若捨此心別求，則心中變起種種無量夢想境界，此正識神變現，切不可作奇特想也。然吾淸淨心中，本無一物，更無一念。凡起心動念，即乖法體。今之做工夫人，總不知自心妄想，元是虛妄，將此妄想，誤爲眞實。專只與作對頭，如小兒戲燈影相似，轉戲轉沒交涉，弄久則自生怕怖。又有一等怕妄想的，恨不得一把捉了，抛向一邊，此如捕風捉影，終日與之打交滾，費盡力氣，再無一念休歇時。纏綿日久，信心日疲。只說參禪無靈驗，便生毀謗之心，或生怕怖之心，或生退墮之心，此乃初心之通病也。此無他，蓋由不達常住眞心不生滅性，只將妄想認作實法耳。者裏切須透過。若要透得此關，自有向上一路。只須離心意識參，離妄想境界求，但有一念起處，不管是善是惡，當下撇過，切莫與之作對。諦信自心中本無此事，但將本參話頭，著力提起，如金剛寶劍，魔佛皆揮。此處最要大勇猛力，大精進力，大忍力，決不得思前算後，決不得怯弱，但得直心正念，挺身向前，自然巍巍堂堂，不被此等妄想纏繞；如脫韝之鷹，二六時中，於一切境緣；自然不干絆，自然得大輕安，得大自在；此乃初心第一步工夫得力處也。

已上數則，大似畫蛇添足，乃一期方便語耳。本非究竟，亦非實法。蓋在路途邊，出門一步，恐落差別歧徑，枉費心力，虛喪光陰，必須要眞正一門，超出妙莊嚴路。所謂行步平正，其疾如風，其所行履，可以日劫相倍矣。要之佛祖向上一路，不涉程途，其在初心方便，也須從者裏透過始得。

示無生祿禪人 乙未夏日在圜中說

古人最初發心，眞正爲生死大事，決志出離，故割愛辭親，參師訪友，歷盡艱辛，心心念念，只爲己躬下事未明，憂悲痛切，如喪考妣。若一見知識，如嬰兒得母。儻得一言半句，開導心地，如病得藥。若一念相當，胸中了悟，如貧得寶，拌身捨命，陸沈賤役，未嘗憚勞。若二祖之安心斷臂，六祖之墜腰負石，百丈之執勞，楊岐之供衆，凡名載傳燈光照千古者，無不從刻苦中來。乃至過去諸佛，求無上菩提，捨身命如微塵數，無一類而不受身，無一身而不苦行，百劫修因，故感天上人間無量供養；乃至末法兒孫，猶受用白毫光中一分功德不盡，豈有天生彌勒，自然釋迦者哉？

痛念末法，去聖時遙，法門典刑已至掃地！吾輩出家兒，不知竟爲何事？生來祇知懼饑寒，圖飽煖。一入空門，因循俗習，遊談終日，捧腹縱情，徒騁六根，備造衆惡。不耕而美食，不蠶而好衣。虛消信施，唐喪光陰，竟不知生從何來？死從何去？豈復知因果難逃，罪福無爽？一朝大限臨頭，如石投水，三途劇苦，一報五千，再得出頭，知更何日？興言及此，痛可悲酸！目擊時流，滔滔皆是。望吾人之修者，如披沙揀金，非曰絕無蓋亦鮮矣！

嗟乎！三界牢獄，四生桎梏，大火所燒，生死險宅，何由能溼猛燄離衆苦，至無畏處耶？非丈夫兒具靈根含夙骨者，不能奮發猛勇，一超直入。汝等幸爾生逢佛法，形寓袈裟，早直明師，六根完具，若不痛念無常，深思大事，思地獄苦，發菩提心，改往修來，晝夜精勤，早求出離，因循度日，縱放身心，大限到頭，悔之何及？嗟乎行矣！其無忘我臨歧叮嚀之言，以負吾自負也！

將之雷陽舟中示奇侍者

佛祖教人於生死中，頓證無生法忍，且每怪其於無生中，妄見生滅。此語如對市人說夢事，聞者非不明目張膽，但未證眞耳。要之所說非所聞，所聞非所見也。古人貴實證者，直欲於生死法中，親切勘破而已，非別有奇特處也。

嘗見小兒怕鬼者，每於夜中行，恍然一物隨之，大生驚怖，雖慈母善諭本無，亦未之信，必待其自信不疑而後止。苟自至不疑之地，縱假鬼怖之，將一笑而釋矣。余昔遊塞上，同健兒乘馬夜行，道傍一石，馬忽見而大驚，幾墮地。爾乃頓轡奮力鞭策，遶石周行數十匝，仍引熟視良久，方縱逸而去。馬自是遇物皆不驚。余因是知道人遊生死險道，歷境驗心，必如是而後已。是故華嚴以善財表證，其所歷百城，參多知識，至於刀山火聚，亦遲回待勸而後入；及入之，果得清涼大解脫門。此其策馬繞石，令其熟視之謂耶？由是觀之，佛祖殊無他長，蓋能熟視世間相者耳。世人所驚怖者，非生死禍患乎？佛祖乃欲令人於中證無生忍，且又明言於無生中妄見生滅。噫！此果何謂哉？苟非熟視自到不疑之地，吾意雖慈尊善諭，殆亦難免驚怖也。

余比以宏法罹難，上干聖怒，如白日雷霆，聞者掩耳；自被逮以至出離，二百餘日，備歷苦事不可言，從始至終，自視一念歡喜心，竟未減於平昔。觀者莫不驚異爲非常。然而生死禍患，他人故爲余驚矣。及視余不減歡喜心，乃又驚。余不驚其所驚，而人驚其所不驚，是或有道焉。奇侍者不遠三千里赴難，問余於幽獄。已而荷蒙聖恩貶竄嶺南，奇乃伴行舟中，遂書此爲別。嗟乎！生死險道，正在所驚，其無聞我歡喜心如夢事耶？異時驗子於寂滅場中，無以今日之言爲夢語。

促小師大義歸家山侍養

余少讀史，竊慕程嬰公孫杵臼之爲人，念曰：持此心爲人臣子者，可謂不忝所生矣。及長出家，乃曰：吾佛爲三界法王，四生慈父，苟能持二子之心爲弟子者，可謂不負己靈矣。及讀傳燈諸祖機緣，見神光之斷臂，船子之覆舟，百丈之於馬祖，楊岐之於慈明，歎曰：苟忘身爲法，若諸老之爲心者，何患祖道之不昌，法門之不振乎？嗟夫！丈夫處世，既不能盡命竭力，以事人主，榮名顯親，卽當爲法王忠臣，慈父孝子。易地皆然，又何屑屑以事齷齪乎？故予自知有向上事以來，此心翩翩，負超世之思，卽處樊籠遊麈市，未嘗不置身冰雪千巖萬壑中也。

隆慶初，予居龍河講肆，識妙峯師於稠人中，觀其貌悴骨剛，知爲法器，雖未語而心許之矣。萬曆癸亥，余北遊上都，適遇於長安市，共坐龍華樹下，一語而決生死；乃結件同參，共遊方外。過河中，山陰檀越延之道院數月。是時宗尙童年，爲沙彌。明年余同妙師入清涼，置身萬年冰雪中，嚴寒徹骨，幾死者數矣。時予幸有自信之地。越丁丑，山陰檀越以書抵清涼，囑宗從事法門，因著入槽廠，宗躍然負米採薪，履冰踏雪，百務惟先，日夜無隙，衆皆推其精勤，然殊無短長。

越辛巳冬，奉慈旨求皇儲，薦先帝，建大會於臺山，日集萬指，宗獨任點茶湯，晝則周旋不失一人，夜則以餘力課誦；余始心知其力能荷負，第未察其信根耳。明年壬午春，臺山會罷，余與妙師訣。師曰：「某即不能荷錫相從，柰何吊影長途乎？」乃目宗謂此子可代執役。因命宗曰：古人從師爲法，誓死爲期，照其盡形竭力，儻中道志沮，當此生不面爾。其志之！」明發，即理策東西。余同龍華老人養痾於大行之障石巖，宗隻身以從，百務惟勤，凡操食時，必侍立輟餐而後已；察意之可否，以爲憂喜。予飽亦飽，予偶不欲食，則涕泗交頤，亦終日不餐也。余每每私察，久之如一日，因謂龍華老人：『此子天性純孝人也。子夏問孝，孔子曰色難。其是之謂乎？』」

明年癸未，余卽東蹈海上，藏修於牢山深處，人跡所不能至，神鬼之鄉也。余因入那羅窟而居之，披荊榛，臥草莽，犯風濤，涉險阻，艱難辛苦，不可殫述，人不堪其憂，而宗實甘心焉。余亦將謂老死丘壑，無復人世矣。居三年，丙戌，蒙聖天子詔，爲慈聖聖母頒大藏經，布天下名山，及二牢焉。余乃喟然歎曰：因緣障道，往哲痛心，福始禍先，前修明誡。意欲避之。宗與同伴安桂二侍者進曰：『師卽無意人世，豈不上念聖心，所以隆重法門，爲斯民之福利乎？』余乃翻然念曰：『惟我聖天子仁孝，聖母慈恩，以法爲社稷蒼生福，某敢不竭躬盡瘁，以敷揚法化，上報聖恩，法王忠臣，慈父孝子，實予所圖；第此海嶠遐陬，故稱蔑戾，苟不等心死誓，何以轉魔界而成佛土？爾輩試揣其衷，果能以法爲心，畢命從事，則止之，否則去之，無使異日作世諦流布，昧人天眼目也。』安等唯唯。進曰：『師唯何人，此惟何事，願師安意，以道自任！爲法忘情，我輩敢不視師爲行止？』余於是拜受慈命，尅意建立，經營事務，無論巨細，一切委宗，而以安桂二人爲知事，予但總其綱要耳。上賴聖慈寵靈，不三年，叢林告成，法道聿興，四方衲子日益至，時則東海洋洋佛國之風焉。天人冥會，轉化之機，蓋亦神且速矣！山門供衆，法物畢備，秋毫皆出宗心，建立規模，居然不減在昔，觀者以爲天降地湧，將爲東鄙法幢，盛世永永福田也。

豎立未幾，狂魔競作，己丑歲，卽遭侵撓，余所經涉，無論汚辱，卽祁寒溽暑，奔走於風塵道路，冒生死之際者，不可指陳。而此心一念孤光，未嘗少易。宗輩之志愈益堅，三年如一日也。或謂余曰：『古人言到處家山，以師高致，道眼視此，不啻輕塵聚沫，柰何惓惓於此？』余曰：『嘗聞世之君子，以身殉國則死國，以身殉法則死法，今蒙慈恩，以法見託，而且表揚聖孝，其事雖異，其命實均，避難不義，棄命不忠，不忠不義何以爲法？假而以此，即有封疆尺寸之寄，苟臨難而去之，又何以自處？甯效死而弗去，不爲苟生以失經！』或者唯唯。頃亦魔風頓息矣。

又四年乙未春二月，釁從中起，以魔事爲借資，致聖天子震怒，詔下金吾，逮及者衆。是時安已先去，宗與桂共嬰此難，余則以一死肩之。荷蒙聖恩，詔遣雷陽。於是冬十月，出長安，與宗別。余觀往事如夢遊，亦未嘗一語及世諦常情也。宗送余河梁，余乃謂之曰：『丈夫處世，固不戀戀爲兒女態，況吾釋子學出情法者乎？第爾從老人幾二十年矣！老人固未嘗以一語佛法累汝，不知汝於何處見老人乎？』宗稽首曰：「宗自事師以來，自知愚鈍，不敢外求，上不見有佛祖，下不見有禪道，唯知作務供衆生，於動靜閒忙疾病禍患死生之際，止此一念，直觀師心而已！是故師生則生，師死則死！』余曰：『我心無相，汝作麼觀？』宗曰：『師心若有相，弟子則無今日也。』余乃大笑而別。獨攜善侍者而南。

明春三月，抵雷陽，頻歲饑荒，瘴癘大作，余坐尸陀林中，毒氣炎蒸，交攻而至，殆者亦數矣！秋八月，奉檄來五羊，昔之在門者，亦接踵而至。余見則詬罵曰：『爾等各有出生死路脚跟，誰無一尺土見我何爲？』皆痛斥而去。頃之，宗亦自蒲中萬里相尋，躬事爨竟，無間在昔。粵省會亦遭疫癘，骸骼蔽野，余命宗率人親撿埋葬，不下萬餘，作津濟道場以拔之。會罷，促宗歸曰：「爾何戀戀於此耶？余生平志在忘生，以學出情法者，今雖荷戈行伍，何莫非佛事？萬里比隣，太虛咫尺，以法界海慧觀之，了無去來生死之跡，又何嗟嗟作夢中顛倒耶？但冀爾識心達本，以金剛燄，爍破歷劫情塵，務使愛根習氣緣影蕩盡，毫無自欺，如此可謂不負佛恩，不幸本有方是老人不負汝處也，否則抱佛而眠，猶不免爲魔伴，況復守此幻身而增空華障翳，究竟何爲？且爾父母師長今皆老矣，若棄彼取此，亦爲法中之愚也，豈正信哉？爾其行矣！幸爲謝諸故人，生當重相逢，死則長別離！異日常寂光中，回視今日，猶作夢中事也。爾其識之，無忘所囑！」丁酉仲春二十五日書於壘壁之旅泊齋。

示優婆塞結念佛社

惟吾佛住世，說法利生，四衆人等，各皆得度，隨機敎化，各有方便，普令獲益。譬若時雨，三草二木，無不蒙潤，隨分充足，各得生長。是故法有千差，源無二致。

然以佛性而觀衆生，則無一生而不可度；以自心而觀佛性，則無一人而不可修。但衆生自迷而不知，又無眞正善知識開導，故甘墮沈淪，枉受辛苦耳！所以盧祖初至，黃梅問：『何處人？』答曰：『嶺南人。』黃梅道：『獦獠亦有佛性耶？』祖曰：『人有南北，佛性豈有二耶？』自此一語，如雷驚羣蟄，流布人間，知之者希，悟之者鮮。是則嶺南爲禪道佛法之源頭，爰自盧祖演化，道被中原，而門庭之前，竟埋荒草，寥寥幾千載矣！談者皆謂非善根地，是不達佛性之旨耳。

余蒙恩遣雷陽，以丙申春，至秋來五羊，壘壁間注楞伽經完。戊戌夏，卽爲諸來弟子演說，每一座中，見諸善男子輩亹亹而來，余深嘉之！

未幾，有善士十餘人作禮，願乞教授優婆塞五戒法，余欣然應請，卽爲羯磨，自是歸心日誠，聽法彌篤。余哀其未悟，愍其不達進修自度工夫，因授以念佛三昧，教以專心淨業，痛厭苦緣，歸向極樂。月會以期，立有規制，以三時稱名禮誦懺悔爲行，欲令信心日誠，罪障日消，必以往生爲願。果能此道，雖在塵勞，可謂生不虛生，死不浪死，豈非眞實功行哉？

然佛者，覺也，卽衆生之佛性，以迷之而爲衆生，悟之卽名爲佛。今所念之佛卽自性彌陀；所求淨土，卽唯心極樂。諸人苟能念念不忘，心心彌陀出現，步步極樂家鄉，又何必遠企於十萬億國之外，別有淨土可歸耶？

所以道心淨則土亦淨，心穢則土亦穢。是則一念惡心起，刀林劍樹縱然，一念善心生，寶地華池宛爾。天堂地獄，又豈外於此心哉？

諸善男子！各諦思惟，應當痛念生死事大，無常迅速，一失人身，萬劫難復！日月如流，時不可待，儻負此緣，當面錯過；大限臨頭，悔之何及？各宜努力，珍重珍重！

示宗遠禪人住山

余竄海外之五年，庚子春，宗遠紹禪人同慶堂福自南嶽來，時悟心融佛嶺乾二子皆在伴，老人以食息相與，結夏壘壁將半，復移居東華。解制後，各辭去。宗遠稽首，乞一語爲住山法要，老人揮汗以示之曰：

夫入深山，住蘭若，此從上佛祖第一入道因緣也。惟我本師釋迦老子，棄捨金輪，辭親割愛，走入雪山，萬丈寒巖，埋身千尺，以至鵲巢其頂，蘆穿其膝，猶不知六年凍餓，皮骨支持苦空寂寞之狀，又何如也？一旦睹明星而悟道，朗長夜而獨明，便見天龍拱衛，神鬼欽崇，爲天人師，作世覩明。至今光照四天，道流百億，聞名者喜，見相者歸，王臣敬仰，有識傾心，梵宇琳宮，莊嚴殊麗，無分遐邇，百代如生，如此澤流而無窮，功垂而不朽者，皆從雪山六年凍餓中博來！只今後輩兒孫，四事受用不盡，此乃開天闢地一箇住山樣子也！

自斯已降，法道東垂，若遠公之蓮社，僧遠之胡牀，五祖之破頭，老盧之獵隊，西江之隱山，石霜之枯木，凡載傳燈列名僧史者，未有一人不向深山窮谷苦空寂寞中出！嗚呼！世衰道微，人心不古，凡託跡空門寄形袈裟者，靡不假我偸安，罔然不知出家竟爲何事？將謂四事供養應當受用，更不思生死大事，爲出家兒第一要務也？

古人出家專爲生死一著，參師訪友，發明己事。然後向深山窮谷，草衣木食，支折脚鐺，煑脫粟飯，盡將從前業識影子掃除蕩淨，不留一絲，單單的的提持向上一路；身如枯木，心似寒灰，直至大徹而後已。如此方稱佛之眞子！方能報佛深恩！

禪人今發大勇猛心，以住山爲志，只須放下諸緣，心如牆壁，單提一念，直欲上齊古人，必以發明生死大事爲期，不明不已，切不可效時輩作偸安計，爲養嬾資也！

行矣，爲我前驅，誅茅岳麓，待老人酬償債畢，以送餘年也。其念之哉！

示慶雲禪人

出家兒要明大事：第一、要眞實爲生死心切。第二、要發決定出生死志。第三、要拌一生至死不變之節。第四、要眞知世間是苦，極生厭離。第五、要親近絕勝知識，具正知見，時時參請，承順敎誨，如敎而行，精勤弗懈。不爲五欲煩惱遮障，不爲惡習所使，不爲惡友所移，不爲惡緣所奪，不以根鈍自生退屈。如是發心，如是趨造，久久純熟，自然與本所願求函蓋相合。縱今生不能了悟，明見自心，卽百劫千生，亦以今日爲最初因地也！若不如是，但以狹劣知見，輭暖習氣，因循宴安，而欲以口頭禪，狂妄心，穢濁氣，邪見根，將爲出家正業；以此望出苦海，是猶適越而之燕，卻步而求前也。嗟嗟！末法正信者稀，禪人既知所向，當審知本心，以眞實決定爲第一義也。勉之勉之！

示寂覺禪人禮普陀

寂覺禪人將東禮普陀，乞一語爲行腳重。老人示之曰：古人出家，特爲生死大事，故操方行腳，參訪善知識，登山涉水，必至發明徹悟而後已。今出家者，空負行腳之名，今年五臺峨嵋，明年普陀伏牛，口口爲朝名山，隨喜道場，其實不知名山爲何物？道場爲何事？且不知何人爲善知識？祇記山水之高深，叢林粥飯之精麤而已！走遍天下，更無一語歸家山，可不悲哉！南海無涯，乃生死苦海之波流也；普陀山色，乃大士法身常住也；海潮音，乃大士普門說法也。禪人果能度生死海，覩大士於普門，聽法音於海崖，返聞自性，不須出門一步，何必待至普陀而後見？其或未然，悠悠道路，虛往虛來，卽大士現在頂門，亦不能爲汝拔生死業根也！禪人自定當看，若大士有何言句，歸來當爲舉似老人，愼勿虛費草鞋錢也！

示觀智雲禪人

學道人：第一要看破世間一切境界，不隨妄緣所轉。第二要辨一片爲生死大事，決定鐵石心腸，不被妄想攀緣以奪其志。第三要將從前夙習惡覺知見，一切洗盡不存一毫。第四要眞眞放捨身命，不爲死生病患惡緣所障。第五要發正信正見，不可聽邪師謬誤。第六要識得古人用心眞切處，把作參究話頭。第七要日用一切處正念現前，不被幻化所惑，心心無間，動靜如一。第八要直念向前，不可將心待悟。第九要久遠，志不到古人田地，決不甘休，不可得少爲足。第十做工夫中念念要捨要休；捨之又捨，休之又休，捨到無可捨，休到無可休處，自然得見好消息。學人如此用心，庶與本分事少分相應，有志向上，當以此自勉！

示湘潭諸優婆塞

佛住世說法有常隨四衆：出家二衆，曰比丘，比丘尼。在家二衆，曰優婆塞，此云近事男，優婆夷云近事女；以其在家能持五戒，可以近事三寶，堪受法利。故及佛法東來，隨時受化，代不乏人；至有明心見性，入祖師之室者。近來法道久湮，師承無眼，妄禮三拜，例得一名，卽自稱爲弟子。其實腥膻未吐，素行未改，致生譏謗，全無利益，大爲壞法之端！故老人生平未敢輕許。今觀湘潭諸弟子，信心篤厚，非泛泛波流，故强允其請。但念汝等素未聞法，雖云善人，不知如何是善？今按唯識論說心所五十一，而善法唯有十一，餘皆惡心所也。十一法者，謂信精進，慚愧，不貪，不瞋，不癡，輕安，不放逸，行捨，不害。此十一法全具，爲純善人。但少一法，卽爲缺德。汝等但能依敎持此善法，各各究明，時時觀察提撕，於何法上有未純熟，更加切磋之功，務要全美而後已。如此用心，是爲眞實善人。所言善心者，卽淸淨眞心也。以一切衆生各各本具如來淸淨眞心，但爲惡念染汚，故隨情造業而不自知。今能觀察善心，則一切惡法，自不現前，心自淸淨矣。苟能有志漸漸深觀，只參六祖大師開示慧明不思善不思惡，正恁麽時，那箇是明上座本來面目公案，時時參究，是謂向上一路。汝等脚跟下，誰無一尺土？努力前行，必不相賺。若肯歸心淨土，卽依此法一心念佛，則現生可斷生死，永絕沈淪；但恐偸心自欺，不能作眞實行耳！老人强爲汝等作如是說，爲憐三歲子，不惜兩莖眉，切不可作世諦流布話會也！

示半偈聞禪人

禪人少習舉子業，有出世志。四十棄妻子，禮紫柏老人之弟子果淸湛公，祝髮於歸宗。歸宗乃昔諸尊宿建法幢之禪窟，有如來舍利在焉。是知禪人出家之緣勝，所居之地勝，第未發勝心耳。歸宗久廢，紫柏大師過其地，慘然悲酸，見枯松半折斤斧，大師愍而呪土瘗之，冀其重榮，以卜道場之再建；不數年皮骨皆完，於是湛公毅然重興。遐邇聞之，莫不仰異景從。居士邢來慈，矢心唱導。又數年，感今上賜御藏以光名山，由是殿閣遂成；而堅音長老募造毗盧大像以奠安之，自此三寶已具其二，獨僧寶未集，不足以揚法道耳。禪人出家之八年，老人自南嶽來遊，禮舍利於金輪峯頂，覩其山川秀拔，詢恢復之艱難，殿閣雖成，禪居未就，猶然荒寂中也。來慈固苦心護法，其力行乃吾徒事，若僧徒不勇徃爲之，則負建立之意，恐紫柏寂光有靈，定不瞑目也。因是致懇勸發大衆，而堅音與禪人爲之綱領，禪人聞說，頓發勝心，普化大檀，莊嚴佛土，即荷錫出山；濱行請益老人欲堅其願力，乃歡喜而示之曰：

汝雖出家，然猶未聞出世之行。昔吾釋迦本師，捨金輪王位，匿影雪山，六年苦行，以成正覺，爲人天師，其實久遠劫來，廣修福慧。故曰三千大千世界，無有如芥子許，不是菩薩捨身命爲衆生處。至若施頭目腦髓，如棄涕唾，非一劫二劫，乃至無量劫來，世世生生如此苦行，方纔博得相好身土，微妙莊嚴。卽今末法弟子一鉢盂飯，皆是如來身命骨血換來，留與兒孫受用。

由是觀之，吾徒出家，衣食現成，安居受用，豈易消受哉？苟不思報佛恩，體佛心，行佛行，理佛家事，則名雖出家，實資三途之苦具耳！

所謂體佛心者，大慈悲心是。行佛行者，忍辱心是。佛家事者，廣行六度，成就二嚴，建立三寶，宏揚法化是。若不如此，非佛弟子，是爲賊人，盜佛袈裟，自滋苦本，如此出家有何利益！

所言福慧二嚴者，以志悟般若種子，了達自心，妙契佛心，此名爲慧；

廣修檀度莊嚴，成就衆生，此名爲福。故曰：福慧兩足，稱二足尊。

故今勸禪人第一要志求般若，了悟自心，以出生死之苦海。次要廣行衆行，普化十方莊嚴佛土，以成淨土之淨業。除此二行，無可修者！

然佛言教化衆生，卽是莊嚴佛土。以大地衆生沒溺貪欲苦海；畢造生死苦業，長劫沈淪，無由自出，故感三界三途之苦具，所賴三寶爲福田，以種般若之種子，以爲他世自受用之因緣，然須必假僧寶以開導。故吾徒佛子，能化一人發勝心，破慳貪，則一人淨自心，嚴一人之佛土。化多人則嚴多人之佛土。苟能化大地；使人人發心，則圓成人人之佛土。是則轉穢土成淨土，變苦具爲樂具，豈不爲最上殊勝之妙行哉？

禪人行矣，執老人片言以往，便是豪傑之士，頓發廣大之心，如廣額屠兒，放下屠刀，便作佛事；亦如八歲龍女，獻珠之頃，卽證菩提。自有能破慳囊，如揮糞土成汝願力者，禪人勉旃萬無怠惰！

示參禪切要 徑山禪堂小參

禪門一宗，爲傳佛心印，本非細事。始自達磨西來，立單傳之旨，以楞伽四卷印心；是則禪雖教外別傳，其實以教應證，方見佛祖無二之道也。其參究工夫，亦從教出。楞伽經云：『靜坐山林，上中下修，能見自心妄想流注。』此實世尊的示做工夫之訣法也！又云：『彼心意識，自心所現，自性境界虛妄之相，生死有海，業愛無知，如是等因悉以超度。』此是如來的示悟心之妙旨也！又云：『從上諸聖，轉相傳受，妄想無性。』此又的示祕密心印也！此黃面老子教人參究之切要處。及達磨示二祖云：『汝但外息諸緣，內心無喘，心如牆壁，可以入道。』此達磨最初示人參究之要法也。傳至黃梅求法嗣時，六祖剛道得「本來無一物，」便得衣鉢。此相傳心印之的旨也。及六祖南還示道明云：『不思善，不思惡，正恁麼時阿那箇是明上座本來面目？』此是六祖第一示人參究之的訣也。是知從上佛祖，只是教人了悟自心，識得自己而已，向未有公案話頭之說！及南嶽青原而下，諸祖隨宜開示，多就疑處敲擊，令人回頭轉腦便休。卽有不會者，雖下鉗鎚，也只任他時節因緣。

至黃檗始教人看話頭。直到大慧禪師，方纔極力主張，教學人參一則古人公案，以爲巴鼻，謂之話頭；要人切切提撕。此何以故？只爲學人八識田中，無量劫來惡習種子，念念內熏，相續流注，妄想不斷，無可奈何，故將一則無義味話，與你咬定，先將一切內外心境妄想，一齊放下，因放不下，故教提此話頭，如斬亂絲，一斷齊斷，更不相續，把斷意識，再不放行。此正是達磨『外息諸緣，內心無喘，心如牆壁』的規則也。不如此下手，決不見自己本來面目，不是教你在公案語句上尋思，當作疑情，望他討分曉也！即如大慧專教看話頭，下毒手，只是要你死偷心耳！如示衆云：『參禪惟要虛卻心，把生死二字貼在額頭上，如欠人萬貫錢債相似，晝三夜三，茶裏飯裏，行時住時，坐時臥時，與朋友相酬酢時，靜時鬧時，舉個話頭，狗子還有佛性也無？州云無，只管向個裏看來看去，沒滋味時，如撞牆壁相似，到結交頭，如老鼠入牛角，便見倒斷也。要汝辨一片長遠身心，與之撕挨。驀然心華發明，照十方剎，一悟便徹底去也。』此一上是大慧老人尋常慣用的鉗錘；其意只是要你將話頭堵截意根下妄想流注不行，就在不行處看取本來面目，不是教你向公案上尋思，當疑情，討分曉也！如云：『心華發明，豈從他得耶？』

如上佛祖一一指示，要你參究自己，不是向他幻妙言句取覓。今人參禪做工夫，人人都說看話頭下疑情，不知向根底究，只管在話頭上求，求來求去，忽然想出一段光景，就說悟了，便說偈呈頌，就當作奇貨，便以爲得了，正不知全墮在妄想知見網中！如此參禪，豈不瞎卻天下後世人眼睛？

今之少年，蒲團未穩，就稱悟道，便逞口嘴，弄精魂，當作機鋒迅捷，想着幾句沒下落胡言亂語，稱作頌古，是你自己妄想中來的，幾曾夢見古人在？若是如今人悟道這等容易，則古人操履，如長慶坐破七箇蒲團，趙州三十年不雜用心，似這般比來，那古人是最鈍根人，與你今人提草鞋也沒用處。增上慢人，未得謂得，可不懼哉！

其參禪看話頭，下疑情，決不可少，所謂小疑小悟，大疑大悟，不疑不悟；只是要善用疑情，若疑情破了，則佛祖鼻孔自然一串穿卻，只如看念佛的公案，但審實念佛的是誰？不是疑佛是誰？若是疑佛是誰？只消聽座主講阿彌陀佛名無量光，如此便當悟了，作無量光的偈子幾首來，如此喚作悟道，則悟心者如痲似粟矣！苦哉苦哉！

古人說話頭如敲門瓦子，只是敲開門要見屋裏人，不是在門外做活計。以此足見依話頭起疑，其疑不在話頭，要在根底也。只如夾山參船子，問云：『垂絲千尺，意在深潭，離鉤三寸，子何不道？』山擬開口，師便一橈打落水中。山纔上船，師又云：『道！道！』山擬開口，師又打，山大悟，乃點頭三下。師曰：『竿頭絲線從君弄，不犯清波意自殊。』若是夾山在鉤線上作活計，船子如何捨命爲得他？此便是古人快便善出身路也。

在昔禪道盛時，處處有明眼知識，天下衲子參究者多，到處有開發。況云不是無禪，只是無師。今禪家寂寥久矣！何幸一時發心參究者多，雖有知識，或量機權進，隨情印證，學人心淺，便以爲得。又不信如來聖敎，不求眞正路頭，只管懵懂做，卽便以冬瓜印子爲的決，不但自誤，又且誤人，可不懼哉！

且如古之宰官居士，載傳燈者，有數人而已；今之塵勞中人，麤戒不修，濁亂妄想，仗己聰明，看了幾則古德機緣，箇箇都以上上根自負，見僧便鬪機鋒，亦以自己爲悟道；此雖時弊，良由吾徒一盲引衆盲耳！老人今遵佛祖眞正工夫切要處，大家商量，高明達士，自有以正之！

示念佛切要 在雲棲爲聞子將子與母氏說

念佛求生淨土一門，元是要了生死大事，故云：『念佛了生死。』今人發心，因要了生死，方纔肯念佛，只說佛可以了生死，若不知生死根株，畢竟向何處念？若念佛的心，斷不得生死根株，如何了得生死？如何是生死根株？古人云：『業不重不生娑婆，愛不斷不生淨土，』是知愛根乃生死之根株，以一切衆生受生死之苦，皆愛慾之過也！推此愛根，不是今生有的，也不是一二三四生有的，乃自從無始最初有生死以來，生生世世，捨身受身，皆是愛欲流轉，直至今日，翻思從前，何曾有一念暫離此愛根耶？如此愛根種子，積劫深厚，故生死無窮。今日方纔發心念佛，只望空求生西方，連愛是生死之根的名字也不知，何曾有一念斷著？既不知生死之根，則念佛一邊念，生死根只聽長，如此念佛，與生死兩不相關；這等任你如何念，念到臨命終時，只見生死愛根現前，那時方知佛全不得力，卻怨念佛無靈驗，悔之遲矣！

故勸今念佛的人，先要知愛是生死根本，而今念佛，念念要斷這愛根。卽日用現前，在家念佛，眼中見得兒女子孫家緣財產，無一件不是愛的，則無一事無一念不是生死活計，如全身在火坑中一般！不知正念佛時，心中愛根未曾一念放得下。直如正念佛時，只說念不切。不知愛是主宰，念佛是皮面。如此佛只聽念，愛只聽長，且如兒女之情現前時，回光看看，這一聲佛果能敵得這愛麼？果然斷得這愛麼，若斷不得這愛畢竟如何了得生死？以愛緣多生習熟，念佛纔發心甚生疏，又不切實因此不得力。若目前愛境主張不得，則臨命終時，畢竟主張不得。

故勸念佛人，第一要知爲生死心切，要斷生死心切，要在生死根株上念念斬斷，則念念是了生死之時也！何必待到臘月三十日，方纔了得，晚之晚矣！所謂『目前都是生死事，目前了得生死空』如此念念眞切，刀刀見血；這般用心，若不出生死，則諸佛墮妄語矣！

故在家出家，但知生死心，便是出生死的時節也，豈更有別妙法哉？

示雲棲侍者

大師未入滅時，前十九年起居食息，侍者日夜周旋，凡一切密行無不覩，一切微言無不聞，一切應機無不達，一切心事無不知，是則大師之全身色相音聲，無不昭昭於心目之間；卽親近數千萬衆，皆不如侍者之眞知實見者也。卽今大衆人人見大師滅度，只侍者獨不作滅度想耳。末法修行淨土，都要說想彌陀妙相，以未得親見面目，卽想亦不眞，要聞彌陀說法，則思亦不眞。我覩大師則彌陀之化身，侍者執侍已久，豈可忘卻大師，又向他家求佛法開示。我謂侍者：更不必作別想，只想大師如生前一一規模法範，音聲語言，作事威儀，修行觀念，利生慈悲，細細從頭至足，終日竟夜一一通想一過，如此則念念想時，就是彌陀出現時也。纔有一念忘卻，便是負恩德入生死之時！老人無法可說，但以大師全身安向汝心中，不可吐卻，便是我老漢隱身三昧也。汝諦思之！

示幻津鎣公

公受業淨慈，乃永明禪師唱道地初薙髮，禮永明塔於荒榛。凡事一遵遺範，手自行錄，爲師承卜遷師塔於宗鏡堂；後誓不募化，唯行法華懺儀，堅持其願，而集者如雲，塔工既成，修宗鏡堂築三潭放生池，皆永明本願也。

余弔雲棲大師，將往淨慈，公料理宗鏡堂爲駐錫所。予入門禮永明大師塔，觀其精妙細密，經畫如法，纖悉毫末，咸中規矩。予留旬日繞千百衆，人人充足法喜，內外不遺，諸凡井井，頤指適可，如不經意。予以是見公才堪經世，慈足利生，不獨有深心實具，無方妙行，非乘宿願未易能也。

予既行，公送別請益，予因示之曰：爲佛弟子，人有眞僞，行有理事，才有體用，心有廣狹，均名僧也。而就中不同如霄壤，故菩薩利生之門，有其多種，佛呵聲聞爲名字羅漢，斥非眞也。佛所最重者，唯末世中護慧命者，爲極難其人，以處剛強濁世，自救不暇，安能爲法門乎？周身不給，安肯愛護衆生乎？諸大乘敎中，皆稱能護法者爲眞佛弟子，以能克荷其家業耳！佛憂滅度之後，求持經者爲難，然經卽佛之法身慧命，非紙墨文字也。且法身流轉五道而爲衆生，是知能護衆生，卽護佛慧命。故般若教菩薩法，以度衆生爲第一，以不住衆生相爲妙行，所謂滅度無量無數衆生實無一衆生可度，是了衆生相空也。然我卽衆生之衆生也，衆生既空，我亦何有？我人皆空，中間事業，誰作誰受？物我兩忘，中間自寂。三輪若空，則實相如如，平等一照，菩提涅槃，皆如幻夢，又何有佛法之可說，禪道之可修，萬行之可作哉？所以法華會上，讚持經者曰：『舉手低頭，皆已成佛。』是乃以已成之佛心，作現前之衆行，故一一行皆是佛行，行行之妙者無跡於此，如此是名眞佛弟子矣！

佛言：『慈悲所緣，緣苦衆生，若無衆生，則無菩提。』所以菩薩如大地心，荷負衆生故；如橋梁心，濟渡衆生故。毗盧以普賢爲身，普賢以衆生爲身，若以衆生爲心，是爲荷擔如來矣！

公試觀予言，以印證其心，若見自心，果於法合，則法外無法，如空外無空；若有草芥塵毛而不舉體全歸法性者，則是心外有法，法外有心，人我縱然，是非未泯，捨此法門，更於何處求向上一路乎？

佛元無法與人，祖師亦願自度，若存一法之見，卽是自心未度，自不能度，求甚佛祖作擔糞奴郎耶？公自此以往，更須高著眼睛，自點撿看，莫道老僧饒舌。

示衆

近來諸方少年，有志參禪者多，及乎相見，都是顚倒漢：以固守妄想爲誓願，以養嬾惰爲苦功，以長我慢爲孤高，以弄唇舌爲機鋒，以執愚癡爲向上，以背佛祖爲自是，以恃黠慧爲妙悟。故每到叢林，身業不能入衆口意不能和衆，縱情任意，三業不修。以禮誦爲下劣，以行門爲賤役，以佛法爲寃家，以套語爲己見，縱有能看話頭做工夫者，先要將心覓悟，故蒲團未穩，瞌睡未醒，夢也未夢見在，卽自負貢高。走見善知識，說幻說妙，呈悟呈解，便將幾句沒下落胡說求印正。若是有緣，遇明眼善知識，卽爲打破窠臼，可謂大幸。若是不幸，撞見拍盲禪，將冬瓜印子一印，便斷送入外道邪坑，墮落百千萬劫，無有出頭之時，豈非可憐愍者哉！此等愚癡之輩，自失正因，又遭邪毒，縱見臨濟德山，亦不能解其迷執，豈不爲大可憐愍者哉！禪門之弊，一至於此！

諦觀從上古人，決不是這等。但看百丈侍馬祖，每在田中作活，如插鍬子，野鴨子公案便是眞實勘驗工夫處，以此故有「一日不作，一日不食」之誡。楊岐之事慈明，二十餘年，行門親操執事，百千辛苦，未嘗憚勞故得光明碩大，照耀今古。若嬾融之負米，黃梅之碓房，歷觀古人，無一不從辛苦中來。何其今之少年，纔入叢林，便以參禪爲向上，只圖端坐現成受用，袖手不展，一草不拈，如此薄福，絕無慚愧之心，縱有妙悟，只成孤調，絕無人天供養，況無眞實修行，虛消信施，甘墮沉淪者乎？

若是眞實爲生死漢子，當觀本師釋迦文佛於三千大千世界，無有如芥子許，不是爲求菩提捨頭目髓腦處；如此當發勇猛，拚捨一條窮性命，將這一具臭骨頭布施十方，供養大衆，一切行門，苦心操持，難行能行，難忍能忍，若於日用六根門頭，頭頭透過，便得法法解脫！古人云『從緣入者相應疾，如此用心三十年不改，縱不悟道，再出頭來，定是頂天立地漢子也。』老人以此示之遍告同參！

示自覺智禪人

佛言：『汝等比丘，每於辰朝當自摩頭。』此語最為親切，老人每每思之！吾佛慈悲，痛徹骨髓。常謂末法比丘，多所受用，安居四事種種供養，各各自謂所應得者，更不思我是何人？物從何來？為何而受？所以知恩者希而報恩者少，特未一摩其頭耳！苟回光一摩其頭，則不覺自驚曰：吾為何薙除鬚髮，不與俗人為伍耶？苟知形與俗異，則居不敢近俗，身不敢入俗，心不敢念俗，如此則樂遠離行，不待知識之教，而自發勇猛，入山唯恐不深矣；又安忍混從市俗，縱浪身心，爲無慚人，作無益行耶？

自覺禪人，向住人間，來匡山，禮老人，願枯心住山，修出世行。老人因示之以福慧雙修之行：修慧在乎觀心，修福在乎萬行。觀心以念佛爲最，萬行以供養爲先。是二者，乃爲總持，吾人日用一切，起心動念，皆是妄想，爲生死本，故招苦果。今以妄想之心，轉爲念佛，則念念成淨土因，是爲樂果。若念佛心心不斷，妄想消滅，心光發露，智慧現前，則成佛法身。

然衆生所以貧窮無福慧者，由生生世世未嘗一念供養三寶，以求福德，直爲生死苦身，念念貪求五欲之樂，以資苦本。今以貪求一己之心，轉而供養三寶，以有限之身命，隨心量力，供養十方，乃至一香一華，粒米萎茱，則如滴水入滄溟一塵落大地，縱海有枯而地有盡，其福無窮，故感佛果華藏莊嚴，爲己將來自受用地，捨此則無成佛妙行矣！

禪人如生疲厭，當自摩頭，則自發無量勇猛也！

示西印淨公專修淨土

近世士大夫，多尙口耳，恣談柄，都尊參禪爲向上事，薄淨土而不修。以致吾徒好名之輩，多習古德現成語句，以資口舌便利，以此相尙，遂到法門日衰，不但實行全無，且謗大乘經典爲文字，不許親近；世無明眼知識，卒莫能廻其狂瀾，大可懼也！大都不深於教乘，不知吾佛度生方便多門，歸源無二之旨耳！

世人但知祖師門下，以悟爲上，悟心本意，要出生死，念佛豈不是出生死法耶？參禪者多未必出，而念佛者出生死無疑，所以然者，參禪要離想，念佛專在想，以衆生久沈妄想，離之實難，若卽染想而變淨想，是以毒攻毒，博換之法耳。故參究難悟，念佛易成。若果爲生死心切，以參究心念佛，又何患一生不了生死乎？

惟此淨土法門，世人以權目之，殊不知最是眞實法門？諦觀普賢以法界爲身，修十大願，必指歸淨土。馬鳴傳心祖師，宗百部大乘，作起信論，究竟結歸西方。東土傳燈諸祖，雖不明言淨土，但悟心旣出生死，不歸淨土，豈成斷滅耶？永明會一大藏，指歸一心，亦攝歸淨土。禪至中峯，時在季世，而極力讚揚西方。況此法門，乃本師無問自說，十方諸佛共讚，豈諸佛菩薩，諸大祖師，反不如今之業垢衆生而妄談耶？

淨公中年棄愛出家，初參紫柏大師，授參禪之指；今於淨土一門，願修而未決，老人因謂之曰：此事不必問人，只看自家爲生死心何如？若爲生死心，如救頭然，志要一生取辦，譬若人患必死之病，有人覓還丹可救，一人授以海上單方，足以起死囘生，只在病者有決定心，信此可服，更不必待覓還丹，只服此單方，頓令通身汗出，絕後方甦，是時始知其妙。但諦信此法，專心一志，至臨命終時，方自知其效耳，又何必問取他人？勉矣行之，決不相賺！

答大潔六問

一問持律曰：初學，不知持律，恐舉動卽錯，受有次第，決無莽獵；然其間大小區乘，權實應用，雖根因利鈍，機隨淺深，不無弊端，幸提軌則，使利者仰遵，而鈍者拓武乎！

答：佛所設戒律部，載之詳矣。本意爲衆生有八萬四千煩惱，故設八萬四千律儀，爲對病之藥，欲令煩惱病除，法身清淨。固機有大小，故戒有三品，曰：沙彌十戒，比丘二百五十戒，菩薩十重四十八輕戒。以沙彌比丘二種戒，乃因事而設，名爲遮戒，謂遮止過非。雖大小同遵，而多爲小乘。但執身不行，有能執心不起者，卽爲大乘。亦在事相戒。至若梵網經所說十重四十八輕戒，名爲性戒，乃我本師盧舍那報佛所說，諸佛心地法門，名金剛寶戒，命釋迦文佛，展轉傳化。所言性戒者，謂了達自性清淨，本來無染，頓悟本有清淨法身，性自具足，故名爲戒。經云：『若人受佛戒卽入諸佛位。』故釋迦四十九年，所說者，但傳此戒法而已。末後拈華所示者，亦示此戒性而已。歷代祖師所悟者，亦圓此戒光而已。故觀一切衆生，佛性種子，本來平等，以同具平等法身。故以佛性而觀衆生，則凡起一念殺盜婬妄，乃至說四衆過，自讚毀他；謗三寶者，卽斷佛慧命，與殺佛無異矣。故列十重之科。若以平等法身而觀衆生，則無可殺盜婬妄，乃至毀謗者，以乃圓滿頓戒。然所重者，獨在佛性種子，卽佛之慧命。故不獨上根利智能受，卽黃門二根，婬男婬女乃至鬼神，但解法師語者，皆堪受之。只要信一切衆生佛性種子，卽是平等法身，苟能作如是觀，則於一切日用現前所遇境界，盡是戒光明地。如此，不獨執身不行，而於殺盜婬妄觸目，念念佛性現前，則頓化爲光明聚矣。又豈特執心不起而已耶？然持之之法，在遮戒固難，端在檢束三業，制伏過非。唯此性戒實難，要以一片金剛心，持之勿失。但一念昧卻，卽全身墮落，豈細事哉？故華嚴十信初心持此戒者，說淨行品一百二十大願，則日用無滲漏處，尙隨事相。至若十住初心，持此戒者，有梵行品，審觀離相，便是持此戒之方法也。初機常持此二品經，則久久自然相應矣。所云弊者，在遮戒有執相自是，多我慢自高，憎毀戒者之弊。持性戒者，有未得謂得，縱放任情，認賊爲子之弊。袪此二端，無問利鈍，皆名眞持戒者。

二問參禪曰：守律而不知自性，終屬顢頇，欲求見性，無過參究，其間疑悟交關，子賊難判，幸垂永鑒，免墮迷坑！

答：佛說沙門所習，戒定慧三學。然律卽戒學，其參究卽定學也惟教中所設定學，乃三觀妙門，爲悟心之捷徑。後因禪道東來，重在直指單傳，見性爲禪，而不言定，然禪卽定也。初達磨示二祖，只是个覓心了不可得，名爲頓悟。乃至六祖；只是教人不思善，不思惡，那个是自己本來面目，卽此返求自心，便是參究工夫。初無看話頭下疑情之說，後至黃檗以下，乃教人看話頭，以古人一則公案爲本參，相傳爲實法。及至今時，師家教人，但參公案，不究自心，因此疑誤多人。故今參禪者多，未有得正知見者！且又自以參禪毀教，蓋爲非眞參禪也！殊不知古人爲學人難入，特以一期方便權宜，只要人識自本心耳，佛祖豈有二心耶？殊不知提話頭，堵截意根，不容一念生滅遷流，卽是入定要門。而今別作奇特想，故多自誤耳！唯今參究，不可無話頭，以初心散亂難制，要此作巴鼻。當未提時，須要先持身心，內外一齊放下，放下到無可放處，從此緩緩，極力提起話頭，返看起處從何處起？畢竟是个甚麼？因未明見自心，故下疑情云：如何是我自己本命元辰？如此追求，是名參究。要念念不昧，心心不移，日夜靠定，廢寢忘餐，忽然冷灰豆爆，本體一念現前，是謂悟自本心。到此依然只是舊時人，更無一毫奇特處，若得一念歡喜，便自爲足，是名認賊爲子矣。何況作種種知見，說偈說頌，爲奇貨耶？切不可墮此魔網！

三間公案曰：話頭破碎後，一千七百葛藤，勢如破竹；然一則稍謁，一齊雲霧，從前破碎，方信鬼關，不識此弊，而掉弄精魂，三途潛伏矣！

答：學人果能明見自心，到不疑之地，則與十方諸佛，歷代祖師，一个鼻孔出氣，又說甚公案不公案？此事不是初機分上事，且姑置之，不必在念。

四問印教曰：不向教上印證者，不得正知見，此和尚舊訓也。然義路是宿習，宿習難消，如油入麵，萬一印處有一絲意識，則悟者轉落陰魔，資發邪見，爲害匪細，幸揭關頭！

答老人尋常要修行人以教印心者，謂是爲自己所知所見，一向無明眼人指示邪正，要以佛經印正。如楞嚴楞伽，圓覺經中，所說皆禪定工夫，悟心之要。將自心對照，看如佛所說不如佛說？故云：以聖教爲明鏡照見自心，心不是將經中幻妙言句，回爲己解也。如子所問者，正不知話頭落處也！至若吾人種種心病，唯佛披露殆盡，如楞嚴七趣升沈之狀，五十種陰魔之形；楞伽外道二乘之邪見，非佛細說，又何從而知懼耶？吾所謂印心者，此耳！只要以教照心，不在義路不義路，至若宿習種種，又不止義路也。

五問闡教曰：法布施者大，法供養者最，因悟印教，即印闡教，似乎契佛知見，大轉法輪。然悟非眞悟，以印自信，印非眞印，以闡自任，抹卻諸註，獨逞己明。是獅是狐，易於自圓，是闡是謗，難於自知。幸垂精判，永奉蓍龜！

答：爲佛弟子，念佛恩難報，唯有替佛傳法，爲眞報恩者。故古之宏法諸師，有三種不同：一自悟本性，妙契佛心，於佛言教，如從自己胸中流出，四辯無礙；且又深入教海，波瀾浩瀚，如清涼，圭峯，天台諸大祖師是也。二雖未悟自心，依佛言教，印定自心，廣探教海，如所解說，不謬佛意；此雖未超言象，而不敢妄以己見縱談，依敎敷演，如從前諸大法師是也。三有夙習般若種子，如有禪定工夫，自明己心，妙契佛意；但未廣涉多聞，而正見不謬，雖有以淺爲深之過，而無謗法之愆，其所宏揚，皆以法施爲心，不求世間名利恭敬，如昔溫陵、寂音諸老是也。此皆法施之大者。至有聰明利根但恃己見爲得，排斥古人，縱口橫談，唯以宏法爲利者；此則不唯破壞佛法，抑且誤墮後人，如是豈可以闡法稱乎？此了然易見，不問可知。

六問頌古曰：古人悟後，頌古如描畫虛空，不落色相；今人悟未能徹，輒易頌古，句出詩想，機同滑稽，以爲悟語悟境，膾炙人口，一轉墮狐，恬不知懼，此末法流弊乎？吾輩易失此坑，幸發鍼砭，普荷深慈。

答：頌古從上有之，不過發揮古人作略，聊示門庭施設，以彰大機大用；且出自己縱奪殺活之手，非徒矢口縱情，搆畫爲得也。此頌古闡敎二事，皆非初機所急，何須預設？古德云：但得了悟自心，不愁不會說法，如是，初心唯以究心求明己躬大事爲急，切不可懷此見也。吾人苟能了悟自心，縱不闡敎，不頌古，亦是眞實出家，不負在袈裟下也！

示曹溪寶林昂堂主

嶺南自漢方通中國，始知有文物；六百餘年，至唐初六祖起新州，得黃梅衣鉢，傳西來直指之道，是時始知有佛法。開曹溪寶林道場，說法其中，自爾道蔭寰宇，天下禪宗，皆以此爲資始，何其盛！？哉六祖滅後，肉身雖存，而道場漸衰。至宋業三百餘年，則叢林大壞極矣！時有子超禪師，蹶起而大振之，由是重興其道，至若傳燈所載者，自六祖後，不多見其人，故道法雖播於十方，而留心於根本地者寡矣！道場無開化主人，而僧徒習世俗之業，頓忘其本固其所也。由宋迄我明萬歷中，又將五百年，道場之壞，尤甚於宋！僧徒不遑其居，而法窟皆棲狐兔矣！

丙申歲，老人至嶺外，得禮祖庭，覩其不堪之狀，大爲痛心而去。又五年庚子，諸護法皆以法道爲心，亟欲老人往捄其弊，至則誓願，捨此身命；志爲六祖忠臣孝子也。一時更新，百廢具舉，此仗佛祖護念之靈，非人力也。

於時僧滿千衆，有懼僧徒之不安者，數人而已；求其憂祖道不振，後學無眼，法幢之不固者，獨昂而已！至若知老人恢復之志，誓死之心，亦唯子而已！嗟乎！是知法門之得人爲難也如此！於時老人初入曹溪，選諸僧徒可教者教之，衆中物色，亦唯子而已！及老人住此，八年之間，凡所經畫，爲山門久計者，衆皆罔猒，其所經心關涉，鉅細無遺者，亦唯子而已！及獅蟲破法，魔黨競作，卽前所稱爲道場者數人，亦皆在網羅，求出之不暇，求其苦心保護叢林，憂祖道之崩裂，深知老人建立之恩者，亦唯子一人而已！當是時也，苟非子砥柱中流，委曲調護，曹溪卒無今日矣！及老人捨之而去，禪堂無主，幾爲獅蟲所食，非子挺身撐拄其間，不唯道場破壞，後學無依，卽老人中興一片苦心，竟付流水矣，安望祖道之再振乎？是以老人別曹溪來，十年於茲，子日夜苦思老人之復至，望法道之更新，念念含悲，未嘗一息忘之也！老人之南嶽，而子隨至；既而老人逸老匡山，子尋卽遠來。覓其感恩之心益篤，憂道日深，且冀老人之復至，或望至人之將來，其誠蓋難以言語形容者，卽古之忠臣孝子，憂國憂家，烈女節婦，誓死無二心者，不是過也！

適來山中，老人留之已久，其哀哀之心，請益不一，老人因而示之曰：子之志固嘉，而子之思亦過矣。子未聞大道之替，雖佛祖亦難逃於時節因緣，因緣聚會，蓋不由人力也。且道與時運，相爲升降，殆不可强，卽其人亦不易得也。

諦觀六祖入滅以來，今千年矣，其道徧天下，在在叢林，開化一方不少，求其爲祖庭而經理家法者，獨宋子超一人而已！子超之後，又五百年，志爲祖道力整頹綱者，獨老人而已！況在曹溪，有衆千人之中，求其憂祖道知老人者，唯子而已！是則法門之人，以此爲懷者，豈易見哉？今老人示子最勝法門，所謂求人不如求己也！

且當六祖未出世時，只一賣柴漢耳，因有夙植靈根，功夫醞藉已久，一旦聞經一語，頓悟自心，遂得黃梅衣鉢；豈不是今日寶林道場，乃六祖肩頭柴擔舂米腰石邊來？故有如此廣大光明，普天帀地，禪宗一派，一言一句，皆從柴擔腰石邊流出。至今供養香火，如生時無異，肉身堅固不壞，如現在說法無異，如是福澤，亦從柴擔腰石邊來？此豈有心要求人而後得也。子既有志上憂祖道，何必求人應之？彼既丈夫我亦爾。

且六祖悟的一段般若光明，人人有分，不欠絲毫，如今只當憂自心之不悟，不必憂道場之不興。若能了悟自心，則能攪長河爲酥酪，變大地作黃金，拈一莖艸作丈六金身，以丈六金身當一莖草，自肰具大神通，隨心轉變，任意施爲，無可不可。如是，在我全具，又何苦思癡癡，望他人來作我家活計耶？

古人要悟自心，在六祖已前，都是當下一言便悟，更無做工夫之說，六祖得黃梅衣鉢，大庾嶺頭，開示慧明道人一則公案，後來便是做工夫參禪的樣子也。從今向去，敎汝直將從前憂長憂短望人的心，一齊抛卻。但當自己放下身心，拌了一條性命，單單一念，只求悟明自心，將慧明一則公案橫在胸中，重下疑情，晝夜六時，行住坐臥，迎賓待客，應事接物，茶裏飯裏，拈匙舉筯，一切不敎放過，疑來疑去，定要見自己本來面目。或提念佛話頭，要見者念佛的畢竟是什麼人？如此疑到似銀山鐵壁，疑不得處，忽然命根斷絕，疑團迸破，自己本來面目當下現前。是時方知念佛的人，如十字街頭，見親爺一般，更不必問人。古人云：善造道者，千日之功；亦有十年五年，或二三十年，或盡生不悟，發願再出頭來；又或有二生三生，乃至十生多生，不昧本願者，生死時長，常寂光中，了無去來之相。且予年力尚強，果能決志，從前日做起，即十年二十年能悟，今生尚遂我本願；即今不悟，賴有此參究功夫，般若種子，就是再出頭來，猶是現成活計。縱遠不過四五十年，打箇筋斗，如在目前。那時整頓自家家事，有何難哉？捨此不憂，更憂別事，都是枉費心思，妄想無益！不唯無益，且增無邊生死苦海，是豈不爲大愚癡者哉？老人此說如棒打石人頭，如此做工夫，則是老人時時在汝眉目間放光動地也。

示曹溪旦過寮融堂主

天下叢林，爲十方衲子行脚者之傳舍；以萬里雲遊，跋涉登山，衝風冒雨，躡雪履冰，飢寒困苦，弔影長涂，而莫知所止，故望一叢林，以求一夕之安，如窮子之望父母廬舍也。萬一到處，主者不得其人，漠然而不加意，使飢者不得食，渴者不得飲，勞者不得息，病者不得安，則其悽楚苦惱之懷，又將何以控告耶？從古接待十方，叢林之設，深有見於此也。諸方四路，各有退步，或有鄰峯里市，容可不得其所，而更之他。至若嶺南曹溪道場，六祖肉身現在；海內衲子，所必往而禮覲者；所至必數千里外，單單度嶺，特爲此事，況冒煙瘴之鄉，出九死一生之地，蠒足而至，此中可無接待之設乎？

老人未到曹溪之日，聞衲子至者，無安居息肩之所，求其一飲一食而不可得，率皆旋行託鉢，僧房皆閉門而不納，即得米升合，又無炊爨，皆拾薪就澗，或得一食而行。老人憂之！乃逐屠沽之肆，闢爲接待十方禪堂，別立齋廚，以便其食，所需皆取給於內堂，必使周足。聽其飢者食，渴者飲，勞者息，病者調理，汚者澣濯；任其久近，隨其去來，是以業海而爲樂土矣！但求一主者不易得，且有即此而造地獄者，比比也！或有獅蟲集此，以作魔撓，力不能制者多，未安也。

頃昂公來云『近得融公爲日過堂主，事事如宜，足副建立之心，居三年如一日也。』老人聞而喜曰：此老人願力所至也常思菩薩修行，以慰安衆生爲本。當思一切衆生，老者如父，少者爲兄弟，一以孝順心而敬事之；況在法門，有同體之誼，又非其他可比。苟能以孝順心而敬事之，是則以佛心爲心也。梵網戒經，乃佛之心地法門也，首稱孝名爲戒，所謂孝順三寶，孝順師僧，孝順至道之法。若能受此戒，卽入諸佛位。是卽以孝順爲戒之本，戒爲成佛之本，能行此行，卽是作佛之基，不用別求佛法矣。華嚴經云：『菩薩布施衆生頭目身肉手足，有來乞者，隨與而去。且自慶曰：彼來乞者，皆我善知識，爲我不請之友，能成就我無量功德，令我堅固菩提願力。』由是觀之，則今十方來者，皆我不請之友。融公若能以孝順心，恭敬供養，以滿金剛戒品，爲成佛種子，卽此一行，全攝衆行，又何捨此而別有玄玅佛法哉？

融公能諦信老人，從此深心以盡身命，供養十方，堅志不退，卽是菩薩以頭目手足而施衆生，等無有異。求佛妙道，又何加於此？其或未肰，更將六祖本來無物一語，橫在胸中，久之，一旦識得自己本來面目，是時則將六祖鼻孔，一串穿卻，乃見拈一莖草，卽是已建梵剎，唯恐十方雲水之不早至，又何疲厭之有哉？

嗟余老矣！愧不能再爲六祖作奴耶！公能體此，卽是代老人常轉如是法輪也。

示曹溪基莊主

六祖居曹溪寶林，不容廣衆，乃向居人陳亞仙，乞一袈裟地，盡曹溪四境，而山背紫筍莊者，乃袈裟一角也。向僧居寮舍當寺之半。久之，僧多忘本，外侮漸侵，豪右蠶食，其山場田地，多入豪强。僧業廢於八九，而祖龍一背，盡失之矣。居民樵采，已及其內地，將見侵於肘腋。老人初入曹溪，乃悉其故，因謂衆曰：土地者，叢林之本也。況吾祖袈裟猶故，亞仙之祖墳塋尚存，是以謂祖翁田地也，安可失乎？遂集衆鳴於制府，準令本府，淸其故土，正其疆界，衆皆瞢然，不知所止，卽有知者，亦畏縮不言。獨基公以昔居此，歷歷指掌，以是豪强氣沮。老人乃募貲收贖其故有之田地山場，盡以供膳寶林禪堂，贍養寺後學僧徒肯辦道業者，將以贖六祖如綫之脈。因以基公爲莊主。公佐助老人中興曹溪，清理常住錢穀，及一切事務，井井有條，苟能守之，卽千載猶一朝也。

老人去曹溪將十載，諸規盡廢，唯禪堂得昂公守之如故，而基莊主精白一心，未忘初念，視老人如在左右，保護常住秋毫，皆如護眼目也。老人愧無緣，不能盡興祖道。因思昔黃龍有不豫之色，首座問之，答曰：『監收未得人。』是知古人用一監收，爲深慮如此。而莊主之責，豈細事哉？

自古國家，皆以得人爲難：而叢林亦然。曹溪千僧，老人居十年淘汰，只得一禪堂主一莊主兩人而已！更有二三人，能爲之輔翼者，則德不孤，事易行，而祖師道場，亦可保其無虞矣。堂主來省老人於匡山，基公因以問訊，寄此卷請益，老人復何言哉？

惟吾佛出世，並無別事，但爲護念付囑二事而已。所以護念者，爲欲得人以續慧命也。付囑者，以佛家業有所付託，如長者以家業委付其子也。卽歷代諸祖，皆如佛意，志在慧命不斷耳。

今佛祖之道，寄在曹溪一脈，而曹溪務在得人，得人要在膳養，膳養賴其四事，四事賴其主者；苟主者得人，則衆有歸，道可辦，而叢林可振，法道可興，法道興利，佛祖慧命相續不斷，永永未來，端有賴於今日也！但能保護慧命，卽是深報佛恩，如此卽名眞是佛子矣。基公可謂能報祖師恩德矣！從今更能深念六祖，於大庾嶺頭，敎慧明公案，懷在胸中，重下疑情，疑來疑去，疑到疑不得處，忽然迸破疑團，露出本來面目，是乃可稱六祖的骨兒孫。較之保護祖翁田地者，可謂百尺竿頭進一步也！此則公案是六祖命脈，苟有一人於此參透，則六祖常住世間，未滅度也。今千載陳爛骨董，老人重新拈出，因公增價，則此後常放光明，照天照地，直當判此身命，堅固其心，不可一息懈怠也。勉之！

首楞嚴經通議序

首楞嚴經者，諸佛如來大總持門，祕密心印，統攝一大藏教，五時三乘，聖凡眞妄，迷悟因果，攝法無遺。修證邪正之階差，輪廻顚倒之情狀，了然目前，如觀掌果。可謂徹一心之原，該萬法之致，無尙此經之廣大總備者。如來以一大事因緣，出現世間，捨此別無開導矣！判教者局於一時一教，豈非管闚蠡測哉？

自入中土，解者凡十餘家，如會解之外，近世緇白，各出手眼，而宏通者非一，披文釋義，靡不參詳精確，發無餘蘊，又何俟蛇足哉？但歷覽諸說，有所未愜者，獨理觀未見會通，故言句雖明，而大旨未暢，學者未免摸象之嘆。

余昔居五臺氷雪中，參究向上，以此經印證，堅凝正心以炤爛之，豁然有得。及至東海，枯坐三年，偶閱此經，一夕於海湛空澂，雪月交光之際，恍然大悟，忽身心世界，當下平沉，如空花影落。是夜秉燭述懸鏡一卷，乃依一心三觀，融會一經，謂迷悟不出一心，究竟不離三觀，以提大綱。但以理觀為主，於文則略，如華嚴法界之設，意在得義而言可忘也。說者又以文字為障，不能融入觀心，猶以為缺。故予久有通議，醞籍胸中，及投炎荒，雖波流瘴海，而一念不忘者，二十餘年。

萬曆甲寅，投老南岳，寓靈湖之萬聖蘭若結夏；粵門人超逸，侍予最久，甘苦疾病患難，靡不同之，入室請益懸鏡，觸發先心，遂直筆成帙，廣發一心三觀之旨，題曰通議。蓋取春秋經世先王之法，議而不辨之意，所謂議其條貫，而通其大綱。是於向上一路，實以爲贅；其於初機之士，可以飲海一滴而呑百川之味也。

或曰：佛不思議法，可得而議之耶？曰：不然。法本離言，而堅執邪見者，非言不破。佛說優波提舍，名爲論議，以折邪慢之幢。良以此經摧九界之邪鋒，折聖凡之執壘，靡不畢見於廣長舌端，種種堅壁，一鏃而破之，直使智竭情枯，降心歸順而後已。以經盡發其情，苟不議明正令，無由以淨法界之妖氛，彰覺皇之大化，是可以文字目之哉？得意遺言，是在金剛正眼。

妙法蓮華經通義後序

予十九薙髮，即從無極先師聽華嚴玄談，於法界圓融宗旨諦信，至海印三昧常住用，恍然契悟，遂歸心法界之宗。既而聽法華經，因聞此經純談實相，乃不知實相爲何物？且謂若了實相，則文字可略矣；以此懷疑甚切。每叨副講，終盲然也。及北遊行脚，凡參耆宿，必以如何是實相請益，然竟無有啓發者。向以志慕參禪，專心向上一路，遂棄文字入五臺習枯禪，力究己躬下事，八年，少有自信之地。

復之東海，一日衆請說法華經，至方便品，感佛恩深，不覺痛哭流涕者再。於實相之旨，恍然不疑；猶於經文言，未大透徹，似有礙眼。

無幾何，乃因弘法，上觸聖怒，遣戍雷陽，達觀大師與予期禮曹溪，乃先遲予於匡廬，及聞予罹難報，初意其必死，乃對佛爲許誦蓮經百部祈庇。予南行過龍江，師候別予於江上，告以許經之故。予丙申三月至行間，越戊戌，乃結法社於五羊青門壘壁間，集弟子數十輩，諷誦法華，以了前願。衆請講演，至現寶塔品，了然如睹家中故物，卽信此爲示佛知見。及至神力後八品，古判爲流通，予深見其非也。遂以開示悟入四字，判其全經，後乃入佛知見也。時會聽者，各各踊躍歡喜，罷講，請筆之；因爲擊節，遂以四字通一經始終之旨。法門間有許可者。予以文遠義奧，恐初學難窺，越壬子歲，粤弟子衆請益，仍爲品節以會其義。

明年冬，予赴南岳故人之請，遂去粤，至衡陽，止於靈湖之萬聖寺，一二護法，爲營安居於寺右，落成欲顏之，未就，夜夢一僧告予曰：「何不云曇華；』覺而知有宿因也。學弟子通岸超逸二人相從，先於甲寅請述楞嚴通議，莽成，衆請就講演一周，逸輩復請述法華通義，將會品節以通全經也。予自念老朽，無益法門，儻一言有當，嘉惠後學，於入佛知見，未必無助。

於乙卯六月朔屬草，至八月朔擱筆，但宗華嚴，始終融之以理觀，統一代時教而歸之性海；以見吾佛出世，以大事因緣之本懷。其後六品，判爲入佛知見；雖違古作，而理實有宗，非敢妄談，以信佛心，則不必取準於人也。其文多率意矢口，殊爲草略。弟子性融，乃久踞法壇者，相與校讐，三越月而成。然非敢爲妙契佛心。至於文字般若，亦讚嘆持經之一端也。智者苟不以人廢言，請虛懷以觀，予有望於知言者。

夢遊詩集自序

集稱夢遊，何取哉？曰：三界夢宅，浮生如夢，逆順苦樂，榮枯得失，乃夢中事。時其言也，乃紀夢中遊歷之境。而詩又境之親切者；總之皆夢語也。

或曰：佛戒綺語，若文言已甚，況詩又綺語之尤者？且詩本乎情，禪乃出情之法也；若然者，豈不墮於情想耶？予曰：不然。佛說生死涅槃，猶如昨夢，故佛祖亦夢中人。一大藏經，千七百則，無非寱語，何獨於是？

僧之爲詩者：始於晉之支遠，至唐則有釋子三十餘人；我明國初，有楚石，見心，季潭，一初諸大老，後則無聞焉。嘉隆之際，予爲童子時，知有錢塘玉芝一人而詩無傳。江南則予與雪浪創起。雪浪刻意酷嗜，遍歷三吳諸名家，切磋討論無停晷，故聲動一時。予以耽枯禪，蚤謝筆硯，一鉢雲遊，及守寂空山，盡唾舊習，胸中不留一字。自五臺之東海，二十年中，時或習氣猛發，而稿亦隨棄，年五十矣。偶因弘法罹難，詔下獄，濱九死，既而蒙恩放嶺海，予以是爲夢墮險道也；故其說始存。

因見古詩之佳者，多出於征戍羈旅，以其情眞而境實也。且僧之從戍者，古今不多見，在唐末則谷泉，而宋則大慧覺範二人，在明則唯予一人而已。谷泉卒於軍中，所傳者唯臨終一偈，曰『今朝六月六，谷泉受罪足，不是上天堂，便是入地獄。』言訖而化。大慧徙梅陽，則發於禪語，有宗門武庫。覺範貶珠厓，則有楞嚴頂論，其詩集載亦不多。顧予道愧先德，所遭過之，而時且久，所遇亦非昔比也。

丙申春二月，初至戍所，癘飢三年，白骨蔽野，予卽如坐屍陀林中，懼其死而無聞也，遂成楞伽筆記。執戟大將軍轅門，居壘壁間，思效大慧冠巾說法。搆丈室於穹廬，時與諸來弟子作夢幻佛事，乃以金鼓爲鐘磬，以旗幟爲幡幢。以刁斗爲鉢盂，以長戈爲錫杖，以三軍爲法侶，以行伍爲清規，以納喊爲潮音，以參謁爲禮誦，以諸魔爲眷屬，居然一大道場也。故其所說，若法語偈讚，多出世法，而詩則專爲隨俗說也。雖未陞法堂，踞華座，拈槌竪拂，而處塵勞，混俗諦，頓入不二法門，固不減毗耶，特少一散花天耳。其說不純，以對機不一，乃應病之藥，固無當於佛祖向上關，其實爲上下千載法門，一段奇特夢幻因緣。及蒙賜還初服，之南嶽匡廬，又若夢遊天姥也。

二十餘年，侍者福善日積月累，門人通炯從居五乳，編次成帙，向有求者，未敢拈出，恐點清淨界中。新安仰山門人海印請先以詩次第梓之，予知醒眼觀之，如寒空鳥跡，秋水魚蹤；若以文字語言求之，則翳目空華，終不免爲夢中說夢也。

天啓元年，歲在辛酉春王正月上元日，匡山逸叟憨山老人釋德清書於枯木庵中。

刻方册藏經序

萬歷丙戌秋，達觀大師，密藏開公，遠蹈東海，訪清於那羅延堀，具白重刻方册大藏因緣，方且訂盟於堀中。爾時清以荷法情深，心重然諾，豈不苟擔；以洞門未開，荊榛未闢，意將有待而然也。

已而達師西遊，開本二公從赴清涼，以卜居質疑於曇室大士，卽蒙印許以金色界。未幾諸緣畢集。

越庚寅秋，幻余本公問余來入海印，出所刻棗柏大論若干卷示清，乃焚香稽首，再拜受之，喜徹藏心，法香熏徧毛孔。及讀諸大宰官長者居士緣起語，備殫始末，字字眞心，信乎無不從此法界流也。且曰：方册類俗諦，固以流通爲大方便，第恐執梵筴而致疑者，煩頻解之，至詳且盡。夫復何言？嗟夫人情之惑久矣！迷方者衆，顧玦數舉，而不能悟一愚羽，況大道乎？嘗試論之，始吾佛聖人說法也，以法界無盡身雲，稱性而演普門法界修多羅，塵說，刹說，熾然說，斯豈紙墨文字而可涯量，見聞知覺而可流通者哉？今所傳者，特大小化身四十九年三百餘會，隨機施設方便法門，集之龍宮，六通大士猶不能盡其名目，量出少分；釐爲三藏十二部，廣布西夏，流來東土者，又貝多之一葉耳。付囑流通，諸弘法者，隨方建立，曲就機宜，故曰：或邊地語說四諦，或隨俗語說四諦，或現己身，或現他身，或示己事，或示他事，種種所行，皆菩薩道，觀夫雜花所出，諸善知識，同具生身，各各法門，無非毘盧遮那海印三昧神威所現。故世諦語言，資生業等，皆順正法。法本無住，遇緣卽宗。至若水流風動，盡演圓音，鳥噪猿吟，皆談不二，翠竹眞如，黃花般若，斯又豈區區華梵可分，紙氎長短可較哉？雖然，語固有之，人情安於常習，惑其希睹，復何怪哉？藉令始也契書華箋，而梵策又以彼此爲是非信乎是謂朝三也。是以世尊利物，妙在隨順機宜，應以何身何法而得度者，即隨所應而度脫之。故順之則依，逆之則違，此常情耳！今夫斯藏所詮，乃佛眞法身，一切衆生自性也。悲夫人者，沈酣衆苦稠林，昧之久矣，故世尊自矢之曰：我本立誓願，欲令一切衆，如我等無異，非此又何以見佛身，了自性，出苦得樂，住佛所住，以適其願耶？以此而度，非隨順方便，又何以令諦信，令人人由之而悟入耶？況衆生有種種欲，種種好樂，苟弘法者，順其欲，投其所好，無不信樂歡喜者。今所化之機有四衆，計緇白之分若牛，緇角而白毛，能化之法，若獨擅是，則投緇而拒白，其猶取角而棄毛，何其一體異視，而示吾法之不廣也？如此欲令人人而得度，復何望哉？且眞丹云多思維，思維多則惑重，惑重則智輕，智輕則根鈍，舉皆是也。何以知其然耶？嘗試觀夫世智辯聰，率多殉耳目陸沈欲泥，間有靈根宿植，負英傑之氣者，大都發於功名，去此取彼，卽般若內重，又道不勝習，奈之何躊躇生死，良亦可痛！況茲末法奉教例多僞人，豈稟鈍根，法門所繫，九鼎一絲，外患內憂，猶楚入郢，悲夫悲夫！當是時也，孰能力起而振救之？若大師者，斯刻之舉，不啻秦庭之哭，眞有敗軍拔幟之意，其恢復法界之圖，遠且大矣！睹其金湯外護，高深堅利，若諸宰官居士者，豈非地涌之衆，親受付囑而來耶？不然，何以勇健如此？故吾觀眞諦，眞諦不有，吾觀俗諦，俗諦不無。是役也，吾輩且息肩，其猶庖人不能治庖，尸祝將越尊俎而代之也。以彼易此，兩其無幸哉！雖然，勿謂無人自顧所積何如耳？聞之大塊噫氣，萬竅怒號，由其聲大而響齊，故一唱而萬和，同聲相應，豈成虛語。是知斯藏之役，將計日獻捷，斯刻之功，將浩劫而不窮，直使人人因之而見佛，物物以之而明心，睹法界於毫端，覲毘盧於當下，斯可謂人天共仰，眞俗交歸，隨順方便之最上第一義諦，廣大威德法門也！

或曰：方册減敬，將無慢法之罪耶？予曰：性性湛然，般若圓明，諸流通者，譬若分燈，卽大地俱焚，曾未擇薪，而本火固然不增不減，試將以此廣大法炬，徧週沙界，窮未來際，燒盡闡提，卽使衆生界空而本法猶湛然常住也。二公勉矣前旌！嗟予小子，慚愧形服，以禪弓不張，慧劍不利，怯弱不敢先登，敢辭執鞭之後！

紫柏老人全集序

太虛寥廓，長風鼓而萬竅怒號，殊音衆響，皆一氣之所宣，又奚可以大小精粗，謂靈根之有間哉？惟吾佛以不思議智，流出一切音聲陀羅尼，故世諦語言，皆悉顯示第一義諦。若夫塵說剎說熾然說，卽水流風動，皆演圓音；況寓泰定而照羣情，觸境而發，無思而應，如谷響者乎？

是以從上諸祖，證無師自然智者，卽揚眉瞬目，怒罵譏訶，莫不直示西來大意，又可以識情語言而擬議其形容哉？達摩西來，不立文字，而曹溪則有壇經，及二派五宗，雖直指向上，然皆曲爲今時，或上堂入室，示衆舉揚，機如雷電，凡垂一語，必緝爲錄，大概聊爾門頭，若大慧中峯，至我明楚石，皆其類也。蓋借語傳心，因言見道，言其所絕言耳。

今去楚石二百餘年，有達觀禪師出，當禪宗已墜之時，蹶起而力振之，得無師智，秉金剛心，其荷負法門之志，如李陵之血戰，縱張空拳，猶揮駐日，雖未犁庭埽穴，而一念孤忠，與齧雪吞氊者，未可以死生優劣議也。眞末法一大雄猛丈夫哉！

然師賦性不與世情和合，至老見客，未效一額手，雖未踞華座，竪椎拂，然足迹所至半天下，無論宰官居士，望影歸心，見形折節者，不可億計。以自性宗通，故隨機之談，如千鈞弩發，應弦而倒，無非指示西來的意，稱性衝口，曾無刻意爲文也，一唾便休，弟子筆而藏之者，伯什。

師初往來於金沙曲阿之間，與于王二氏法緣最深，于潤甫居士，每得師片言隻字，藏貯如拱璧。及遊匡廬，主邢孝廉來慈長杉館，師之法語，留邢氏者亦多。

師化後，潤甫屬王君仲蘂結集爲一部。予久沈瘴海，爲師了末後因緣，過金沙之東禪，潤甫捧師集示余，稽首請爲其序。余三讀其言，喟然而嘆曰：嗟乎！末法降心，力拔生死之根，如一人與萬人敵者，予獨見師其人也！睹其發强剛毅勇猛之氣，往往獨露於毫端，如巨靈揮斤，眞所謂與煩惱魔，欲魔，死魔共戰，竟能超越死生，如脫敝屣，可謂戰勝有功者也！故其所吐，豈可以文字語言聲音色相求之者耶？佛說欲爲生死根，師凡所舉，必三致意，痛處劄錐，直欲剿絕命根，卽此可當金鎞矣；又何庸夫門庭施設哉？

昔覺範禪宗，妙悟超絕，語言典則所著，自目之曰文字禪；故予題曰：紫柏老人集，蓋非墮於俗數也。觀者當具金剛正眼，視之於言外，則思過牛矣。

雲棲老人全集序

言以載道，文以達理，其治世語言，雖聖經咸稱曰文；獨佛語不然，以世出世間情與出情之異耳。蓋佛所說以實相印，印定諸法，凡所語言皆歸實相。所謂言語道斷心行處滅，不可得而思議者焉。以文求之，譬夫執氷而求火也。豈特佛經，卽從上諸祖，麤言及細語，皆歸第一義，況本於文而超於情者乎？

予讀雲棲大師集，三復而興嘆焉。師以儒發家，中年離俗，單究佛未出世祖未西來一著，徧參諸方，有所發明，遂挂瓢笠，匿迹雲棲以恬養，知非有意於人世也；況爲文乎？久之聲光獨耀，緇白問道而來者，初則屨滿，次則林立，久則雲屯霧集，皆有請焉。以師所造者隱密，所居者平常，故於應機接物，無門庭，絕城府，無崖異，如鑑照物，妍媸順應，故無臧否，無指謫，一任其本懷，故來者如鼴飲海，應量而足。諸弟子記其語者，謂之文。嗟乎！豈以是盡大師哉？

予少依講肆，聞說者談佛應機之妙，不知其謂何。及老年讀金剛般若，諸弟子從佛持鉢乞食歸來，飯食洗足，敷座而坐，空生忽嘆希有世尊，予忽然如大夢覺，是知世尊處世，與人周旋，前二十年，無人知爲何事者，空生今日始乃窺之。固知孔子之嘆莫我知也，卽顏子高弟，但曰鑽之仰之，而竟莫能入。然則諸子所記之語，豈盡孔子哉？

於戲！聖人影響於世，豈常人所能盡知耶？信乎文者糟粕耳。然禪門載道之言，除佛經諸祖傳燈，直指向上，特其言者，大有徑庭，不近人情，故望洋者衆。卽文字之師，稱述佛祖之道，而溺於情，讀者如絮沾泥，求其平實而易喻，直捷而盡理，如月照百川，淸濁並映，能領之者，如飲甘露，無病不瘳，如是而爲佛祖之亞者，予於雲棲之文見之矣？

議者謂師爲老師宿儒，予嘗謂師爲法門之周孔也。若以文視師，則贅矣。

嘉禾嚴君某，慕師而未親炙，故梓其全集，以照後世，其亦斯道之功臣歟？

重興青原山七祖道場序

佛法託之像教，禪道寄之祖庭；故瞻梵刹而三寶現前，指道場而慧燈發燄。蓋由道假人弘，事因理顯，是以諸祖法崛之不可泯者，若人身之血脉，不可一息間也！任道君子，可不爲之留心哉？

惟禪宗鼻祖西來，直指最上一乘，令人當下成佛；此道六傳於曹溪，而青原南岳爲的骨子，兩人執幟，大盛於江西湖南。其下五燈分燄，皆以二老爲燧人。此道昭昭，如中天日月，千百年來，闇然而愈章者。是知茲山，爲人心世道所關最重。

予少年曾禮七祖，見其僧非拔俗，寺委荒榛，惟諸賢祠宇，尊祀其中。

時則慨然歎曰：諸天奉佛，諸賢事天，然各尊其道理或宜，然恐神有所未妥也！徘徊而去。

聞嘗與紫柏禪師言！謂禪宗寥落，必源頭壅塞，當同疏導之。師大以爲然。師先候予於匡山。及乙未予年五十，以弘法致譴，放於嶺外，因得重濬曹溪之原，以爲禪道重興之兆；辛苦八年而祖庭始開，功雖未圓，中興之機已見。

辛亥秋日，安福鄒匡明子尹氏，發心重整青原，持鄒給諫公書爲先談，且云子尹爲七祖忠臣。予聞之躍然！乃先囑其妥神祠爲第一義，是時因緣未遇，遂寢。越癸丑，遂之南岳，踐金簡曾儀部約，公欲振之，力未能也。

丙辰，予弔紫柏，有吳越之行，至雙徑，見禪道大振，參究者衆。予歎曰：

此曹溪一派重衍也

丁巳夏，歸匡山，作休老計。見東林蓮社重開，石門禪期已結，予大歡喜！不三日而給練公書亦至，云大修青原，冀得一指點。蓋子尹夙心，述予之本願，其祠已妥，而首爲檀度願成主佛者，則劉晉卿，張壽長，郭陵烏也。予乃浩然歎曰：六祖有言：「葉落歸根」禪道自曹溪一脈，始於青原，而傳燈諸祖，至中峯之後漸微，我國初不多見矣。予自濬曹溪，不數年，而此道復振於越之天目雙徑之間，今且引歸匡山石門，適青原大興，千年之後，復見今日，豈非應葉落歸根之讖哉？惟昔盛時，莫盛於西江馬祖，今也重振，再見於青原，是知道運旋轉，與造化同流，信夫！意者，將來八十一人，同出馬駒之下者，是有望於今日。

斯役也，檀度之功，任之者衆，不俟予言。故特述禪道隆替之由，以告諸同志，不在莊嚴佛土，而在光輝佛燈，以助堯天舜日，期與斯民共享無爲之化也。又豈可以尋常建一刹搬一字爲佛事者，同日而語耶？

萬歷四十五年，仲夏十日。

南京僧錄司左覺義兼大報恩寺住持高祖西林翁大和尚傳

祖翁諱永甯，別號西林。六合縣郭氏子。幼出家，禮報恩無瑕玉公爲師。翁生性耿介，持重，言動不妄，少卽爲衆所推。年二十，卽持金剛經，至老不輟。

武宗駕幸南都，駐蹕本寺，大宗伯慮僧無可承旨者，遴選皆不稱。先是翁與僧名惠遠者，號東林，相與莫逆，兩人狀貌魁偉。喬白巖爲大司馬，久與翁善，遂舉兩人宗伯大喜；卽以遠爲僧錄右覺義，以翁爲本寺提點。及上駕駐寺，明日登大殿禮佛畢，百官朝罷，上諭作誦經佛事，命呈疏草，宗伯議須翰林；祖翁曰：「佛疏別有體制，須僧家當行可耳。」卽舉遠公，具疏草呈，上覽之喜曰：「朕家有此僧耶？」宗伯卽以僧錄印，付遠掌，便行事也。上至塔殿，見地下一孔，問執殿役僧曰：「此何物？」應曰：「金井。」上不懌。祖翁跪奏曰：「此氣眼。」上曰：「何用？」祖翁曰：「有佛舍利藏於塔下，留此以通氣耳。」上意解，做道場七日，其主壇場法事，皆遠公；其承旨內外一切事宜，皆祖翁。至上駕行，竟無一缺。繇是宗伯甚重之。

嘉靖十年，衆擧爲本寺住持，綜理山門事。二十年，陞僧錄右覺義；又五年，陞左覺義。先是江南佛法未大行，翁雖居官秩，切以法門爲憂。每見僧徒見輕於士林，歎曰：『爲僧不學，故取辱名敎，玷汚法門耳！』初請先師雲谷和尙住三藏殿，敎諸習禪者，於是始知有禪宗。

數年，先師去隱棲霞。適守愚先師南來，五臺陸公爲祠部主政，謂祖翁曰：『頃見高僧守愚法師，講演甚明，當請至寺，敎習僧徒。』翁卽禮請先師，居三藏殿，設常住供贍，選僧數十衆，日親領往聽講，從此始知向佛法。

雲谷先師居棲霞，陸公遊攝山，見而雅重之，卽欲重興，請師爲住持，師堅辭不可，乃屬祖翁擧嵩山善公爲棲霞住持，由是重興道場，復寺業，開法社，爲接待叢林。自是禪道佛法乃大行，方知有十方接待，皆吾祖翁力興起也。

先是僧多習俗，不能對士君子一語。翁居常謂僧徒：『以禪教爲本業，然欲通文義，識忠孝大節，須先從儒人。』乃延儒師，教某等十餘人讀五經四書子史。某所以麤知讀書文義，及披剃卽知聽講習禪；卽雪浪中興一代教法，皆翁慈心攝持教養之力也！

翁掌僧錄印二十五年，諸山一體奉法惟謹，山門事務，一草一葉，不敢輕棄，視常住如眼睛，故山門興而法運昌也。

每率衆僧上殿祝延聖壽見僧有懶墮不至者，翁切責之曰：『此殿乃天宮淨土，爾等懶慢如此，他日求一瞻禮，不可得也。』

翁於嘉靖四十三年臘月除日，集諸子孫敍生平行履因屬後事，乃撫某背囑之曰：『吾年八十有三，當行矣，門庭多故，一日無老人，則支持甚難！此兒雖年少，饒有識量，我身後，汝等一門大小，凡有事，當立我像前，聽此兒主張，庶幾可保無虞耳！』少祖艮山厚公以下，皆唯唯受命。明年正月七日，翁具袈裟巡寮，遍謝合寺耆舊。十日，持僧錄印謁禮部大宗伯，請以老辭；大宗伯慰留不允，翁歸，即封其印。明日，示微疾，請醫進藥，翁曰：『吾已矣！』竟不藥。某侍翁病中，聞誦金剛經不絕。至十五中夜，令舉衆大小圍遶念佛，某扶翁坐懷中，寂然而逝，十四年正月十六日也。

翁素無蓄積，簡篋不滿三十金，喪禮葬送，約費三百餘金，皆借貸。既葬，合房舉無所措，少祖憂之；乃集大小於祖翁像前，議無所出，於是某立主張，將翁所遺衣鉢什物，凡可値者計之，盡估以償貸者，儻不足，當以田變價盡償之。苟無負累，則衣食易爲耳。衆如議，乃設齋，盡集諸貸主，各執券，照子母分給所負貸券，一夕盡焚。於是卒保其房門，子孫不散。少祖始稱翁爲知人。

是年二月，方丈燬。明年二月十五日，大殿災。奉旨以本寺官住頭首執事下法司者十五人，以本寺爲朝廷家佛堂，凡物皆出內帑，事干重典，法當論死；合寺僧懼，盡逃去。某獨身往法司，看管鹽菜饘粥，荷擔往來，於中多方調護，設法解救，竟末減坐罰囚糧；於是合寺安堵，皆感誦翁爲知人。

翁生於成化癸卯，世壽八十有三。今西林庵乃存日所修退居也。全身葬於智安寺。

某年十二，蒙翁度脫出家，乃命以梅齋俊公為師，教習經書。十九披剃，侍翁十年，行事微細，多不能記憶；但見逐日侵晨持誦，回向西方，未嘗少廢。每隨行履，見其端莊挺特，足不挽衣。鐵面威嚴，未見輕一啓齒笑容。奉雲谷守愚二先師，如對大賓，至敬盡禮。卽諸山尋常僧來謁，不整衣冠不見。其撫某等讀書，如慈母之嬰兒也。懷感祖恩，五十餘年，向在東海記翁行實甚詳，因被難失草，今老矣，忘者十九。切念後之子孫不知先人所自，記其大略，以詔後裔，庶先德典刑，世世如在也！

贊曰：天道循環，與時升降，而法道亦然。故道將興也，必應真乘時以啓之，非偶然也。觀江南佛法，草昧如舍利未湧出時，今則法雨充滿，洋洋佛國之風，孰致之耶？吾翁雖非任道，而道實因之，詎非功倖作者耶？

雲谷先大師傳

師諱法會，別號雲谷。嘉善胥山懷氏子。生於弘治庚申。幼志出世，投邑大雲寺某公爲師。

初習瑜伽，師每思曰：『出家以生死大事爲切，何以碌碌衣食計爲？』年十九，即決志操方。尋登壇受具。聞天台小止觀法門，專精修習。法舟濟禪師續徑山之道，掩關於郡之天寧，師往參扣，呈其所修。舟曰：『止觀之要，不依身心氣息，內外脫然；子之所修，流於下乘，豈西來的意耶？學道必以悟心爲主。』師悲仰請益。舟授以念佛審實話頭，直令重下疑情。師依教日夜參究，寢食俱廢；一日受食，食盡亦不自知，碗忽墮地，猛然有省，恍如夢覺。復請益舟，乃蒙印可。閱宗鏡錄，大悟唯心之旨，從此一切經教及諸祖公案，了然如觀家中故物。於是韜晦叢林，陸沉賤役。一日，閱鐔津集，見明教大師護法深心，初禮觀音大士日夜稱名十萬聲，音願効其行，遂頂戴觀音大士像，通宵不寐，禮拜經行，終身不懈。

時江南佛法禪道，絕然無聞；師初至金陵，寓天界毘盧閣下行道，見者稱異。魏國先王聞之，乃請於西園叢桂庵供養，師住此入定三日夜，居無何，予先太師祖西林翁掌僧錄，秉報恩住持，往謁師，卽請住本寺之三藏殿，師危坐一龕，絕無將迎。足不越閫者三年，人無知者。偶有權貴人遊至，見師端坐，以爲無禮，謾辱之。

師拽杖之攝山棲霞，棲霞乃梁朝開山，武帝鑿千佛巖。累朝賜供贍田地。道場荒廢，殿堂爲虎狼巢。師愛其幽深，遂誅茅於千佛嶺下，影不出山。時有盜侵師，竊去所有，夜行至天明，尙不離庵，人獲之，送至師，師食以飲食，盡與所有持去，由是聞者感化。太宰五臺陸公初仕爲祠部主政，訪古道場，偶遊棲霞，見師氣宇不凡，雅重之，信宿山中，欲重興其寺，請師爲住持，師堅辭，舉嵩山善公以應命。善公盡復寺故業，斥豪民占據第宅，爲方丈，建禪堂，開講席，納四來，江南叢林肇於此，師之力也！

道場既開，往來者衆，師乃移居於山之最深處，曰天開巖，弔影如初。一時宰官居士，因陸公開導，多知有禪道，聞師之風，往往造謁，凡參請者，一見，師卽問曰：『日用事如何？』不論貴賤僧俗，入室必擲蒲團於地，令其端坐，返觀自己本來面目，甚至終日竟夜無一語。臨別必叮嚀曰：「無空過日。」再見，必問「別後用心功夫，難易若何？」故荒唐者茫無以應，以慈愈切而嚴益重，雖無門庭設施，見者望崖不寒而慄，然師一以等心相攝，從來接人軟語低聲，一味平懷，未常有辭色。士大夫歸依者日益衆，卽不能入山，有請見者，師以化導爲心，亦就見。歲一往來城中，必住於回光寺，每至則在家二衆歸之，如遶華座，師一視如幻化人，曾無一念分別心，故親近者如嬰兒之傍慈母也。出城多住於普德，耀鶴悅公實稟其教，先太師翁每延入丈室，動經旬月。

予童子時，卽親近執侍，辱師器之，訓誨不倦。予年十九，有不欲出家意，師知之，問曰：「汝何背初心耶？」予曰：「第厭其俗耳。」師曰：「汝知厭俗，何不學高僧！古之高僧，天子不以臣禮待之，父母不以子禮畜之，天龍恭敬，不以為喜。當取傳燈錄，高僧傳讀之，則知之矣！』予即簡書笥，得中峯廣錄一部，持白師。師曰：『熟味此，即知僧之為貴也。』予由是決志薙染實蒙師之開發，乃嘉靖甲子歲也。

丙寅冬，師憫禪道絕響，乃集五十三人，結坐禪期於天界，師力拔予入衆同參，指示向上一路，教以念佛審實話頭。是時始知有宗門事。比南都諸刹，從禪者四五人耳。

師垂老，悲心益切，雖最小沙彌，一以慈眼視之，遇之以禮，凡動靜威儀，無不耳提面命，循循善誘，見者人人以為親己。然護法心深，不輕初學，不慢毀戒；諸山僧多不律，凡有干法紀者，師一聞之，不待求而往救，必懇懇當事，佛法付囑王臣爲外護，惟在仰體佛心，辱僧卽辱佛也。聞者莫不改容釋然，必至解脫而後已。然竟罔聞於人者，故聽者亦未嘗以多事爲煩，久久，皆知出於無緣慈也。

了凡袁公未第時，參師於山中，相對默坐三日夜，師示之以唯心立命之旨，公奉敎事，詳省身錄，由是師道日益重。

隆慶辛未予辭師北遊，師誡之曰：「古人行脚，單爲求明己躬下事，爾當思他日將何以見父母師友？愼毋虛費草鞋錢也！」予涕泣禮別。

壬申春，嘉禾吏部尙書默泉吳公，刑部尙書旦泉鄭公，平湖太僕五臺陸公與弟雲臺，同請師故山，諸公時時入室問道，每見必炷香請益，執弟子禮。達觀可禪師常同尙書平泉陸公，中書思庵徐公，謁師，扣華嚴宗旨，師為發揮四法界圓融之妙，皆歎未曾有。

師尋常示人，特揭唯心淨土法門，生平任緣，未常樹立門庭。諸山但有禪講道場，必請坐方丈，至則舉揚百丈規矩，務明先德典刑，不少假借。居恆安重寡言，出語如空谷音。定力攝持，住山清修，四十餘年如一日，脇不至席。終身禮誦，未嘗輟一夕。當江南禪道草昧之時，出入多口之地，始終無議之者，其操行可知已！

師居鄉三載，所蒙化千萬計，一夜四鄉之人，見師庵中大火發，及明趨視，師已寂然而逝矣。萬曆三年乙亥正月初五日也。師生於弘治庚申，世壽七十有五，僧臘五十。弟子眞印等荼毗，葬於寺右。

予自離師，遍歷諸方，所參知識，未見操履平實眞慈安詳之若師者，每一興想師之音聲色相昭然心目，以感法乳之深，故至老而不能忘也！師之發跡入道因緣，蓋常親蒙開示，第末後一着，未知所歸。前丁巳歲，東遊，赴沈定凡居士齋，禮師塔於棲眞，乃募建塔亭，置供贍田，少盡一念。見了凡先生銘未悉，乃概述見聞行履爲之傳，以示來者！師爲中興禪道之祖，惜機語失錄，無以發揚秘妙耳。

釋德清曰：達摩單傳之道，五宗而下，至我明徑山之後，獅絃將絕響矣！唯我大師從法舟禪師續如綫之脉，雖未大建法幢，然當大法草昧之時，挺然力振其道，使人知有向上事。其於見地穩密，操履平實，動靜不忘規矩，猶存百丈之典刑，遍閱諸方縱有作者，無以越之，豈非一代人天師表歟？清愧鈍根下劣，不能克紹家聲，有負明教，至若荷法之心，未敢忘於一息也！敬述師生平之槩，後之觀者，當有以見古人云。

雪浪法師恩公中興法道傳

自白馬西來，像教東興，羅什淨名振其綱，遠公涅槃挹其緒，而大法始昌明於中夏，六朝盛矣。然其眞宗，猶未大樹立，自天台標三觀以成一家。有唐賢首始開華嚴法界之宗，淸涼獨擅其美。玄奘闡唯識之旨，窺基專業其門。由是性相二宗之淵源，一心三諦之旨，始橫流於大地。吾佛一代聖教，如大海潛流於四天下；教義幽宗，如揭日月於中天矣。自是著述多門，標定非一，無非探其本源，而攝歸眞際，總皆遊泳如來之性海，撈摭法界之魚龍，不異覩白毫於靈山，聽圓音於覺苑也。

自達摩西來，立單傳之旨，直指一心，不尙文字，由是教爲佛眼，禪爲佛心，禪教齊驅，並行不悖。及六祖而下，禪道大興，則不無尙執之呵，而教禪始裂，圭峯力挽未能，永明會性相歸一心，目爲宗鏡，而佛祖全體大用，彰明大著矣。

唯我聖祖龍飛，廓淸寰宇，開萬世太平之業，初至建康，劍甲未解，即崇重佛氏。洪武三年，詔天下高僧安置於天界寺，建普度道場於鐘山靈谷，名流畢集，大闡玄宗，御駕躬臨，親聞法喜，而法道之盛，不減在昔，何其偉與？由是於一門制立三教，謂禪，講，瑜珈。以禪悟自心，講明法性，瑜珈以濟幽冥。乃建三大刹！以天界安禪侶，以天禧居義學，以能仁居瑜珈。汪汪洋洋，天下朝宗。自北遷之後，而禪道不彰，獨講演一宗，集於大都。而江南法道，日漸靡無聞焉。

正嘉之際，北方講席，亦唯通泰二大老，踞華座於京師，海內學者畢集。而南方學者，習於軟暖，望若登天。惟我先大師無極和尚自淮陰從師，一鉢往依焉。飲冰嚙雪，廢寢忘飡者二十餘年，具得賢首慈恩性相宗旨。既而南歸，至金陵，魏國公子見而悅之，遂爲檀越，請講圓覺經，唱而不和，聽者寥寥。祠部主政五臺陸公往謁，謂先太師翁西林和尚曰：「頃見北來高僧無極，眞人天師也，聆其講說妙義，深契佛心，吾念報恩乃聖祖所設之講教；僧徒居此，安可絕無聞乎？公爲住持，誠能禮請歸寺，大演法道，開誘羣蒙，法門之幸也。」師翁唯唯。卽盡禮致幣敦請，時嘉靖三十二年也。

師至，安居於寺之三藏殿，以玄奘大師髮塔在焉。常住歲設常供，太師翁乃選寺僧數十人，躬領座下，日聽講諸經，附近諸山耆宿稍有應者，久之則京城善士日集，知供四事，善化之風漸開。

時有居士黃公某者，夫婦久持齋，一日公攜幼子六郎往設供，六郎卽雪浪法師恩公也。公生性超邁，朗爽不羣，唯好嬉戲作佛事，及入社學，先生訓句讀，略不經心，督之，第相視而嘻，固無當也。是日設供，値講八識規矩，公一聞卽有當於心，傾聽之。留二三日，父歸喚公，公不應。父曰：『若愛出家耶？』公笑而點首。父强之，竟不歸。父歸數日，母思之切，促父往攜之，父至强之再三；公暗袖剪刀，潛至三藏塔前，自剪頂髮，手提向父曰：『將此寄與母。』父痛哭，公視之而已。由是竟不歸。父回告母，遂聽之。公時年十二也。

從此爲沙彌，出入衆中，作大人相，一日大衆齋，公先至飯堂，坐第一座，頃首座至，咄曰：『小沙彌何得居此座？』公曰：『此座誰當居？』座曰：『通佛法者。』公曰：『如是則我當居之。』座曰：『汝通何佛法？』公曰：『請問。』座曰：『且問今日法座上講箇甚麼？』公隨口而應，了了大意。一衆驚歎曰：『此子再來人也！』公每聽講，卽嬉戲，及問之，無遺義焉。

公出家之明年，予十二歲，亦出家。太師翁攜予參先大師，公坐戲於佛殿，一見予而色喜，若素親狎，人視爲同胞，然予以幼從讀誦，未知義也。公少居講肆，見解超羣，一衆敬服。年十八，卽分座副講，聞者悚悟。然公天性不羈，略不爲意。

予十九薙髮，先大師於本寺演華嚴玄談，予卽從授戒聽講，心意開解，如夙習焉。時公器予，即以法為兄弟莫逆也。公尙未習世俗文字，予偶作山居賦一首，公粘於壁，公姪博士黃生見之羨曰：『阿叔有愧此公多矣。』公曰：『是雕蟲技耳，何足齒哉？』

公年二十一，佛法淹貫，自是勵志，始習世間經書，子史百氏，及古辭賦詩歌，靡不搜索，遊戲染翰，意在筆先。三吳名士，切磨殆遍，所出聲詩，無不膾炙人口，尺牘隻字，得為珍祕。嘗謂予曰：『人言不讀萬卷書，不知杜詩，我說不讀萬卷書，不知佛法。』常閱華嚴大疏，至五地聖人博通世諦諸家之學，方堪涉俗利生，公之肆力於是，豈無意乎？

予從雲谷先師習禪於天界，切志參究向上事，公每見予枯坐，即呵曰：『用如三家村裏土地作麼？』頻激以聽講。予曰：『各從其志耳。古德云：若自性宗通，回視文字，如推門落臼，固無難也。』公曰：『若果能此，吾則兄事之。』自是予於山林之志益切。

以始閱華嚴知有五臺山，心日馳之。年二十五，志將北遊，別公於雪浪菴。公曰：『子色力孱弱，北地苦寒，固難堪也。無已，吾姑攜子遨遊三吳，操其筋骨而後行未晚。』予曰：『三吳乃枕席耳，自知生平軟暖習氣，不至無可使之地，決不能治此，固予之志也。』公曰：『若必行，俟吾少庀行李之資，以備風雨。』予笑曰：『兄視弟壽當幾何？』公曰：『安可計此。』予曰：『兄即能資歲月計，安能終餘日哉？』公意戀戀不已。予詒之曰：『兄如不釋然，試略圖之。』公冒大雪方入城，予即攜一瓢長往矣。公回山不見予，不覺放聲大哭，以此知公生平也。

予遂孤杖北遊，公亦遊目嵩山，至伏牛結冬而歸。居常曰：「清兄去，吾無友矣！」既聞予在都下，公瓢笠而尋至，則予行脚他方，公遂留京師。及予同妙峯師入五臺結茅以居，公聞之，卽登臺山，問予於冰雪堆中，夜談因扣公志。公曰：「吾見若此心如冰，誓將同死生耳。第念本師老矣，奈何！」予曰：「不然。人各有志，亦各有緣，察兄之緣，在弘法以續慧命，非枯寂比也。江南法道久湮，幸本師和尙受佛付囑而開闢之，觀座下，似未有能振其家聲者。兄乃克家的肖子，將來法道之任匪輕，且師長暮年，非兄何以光前啓後，幸速歸，無久滯他方也！」公卽理策歸，濱行，予囑之曰：「兄素未以法自任，此回乘本師老年，就當侍座，以收四方學者之心，他日登壇，則吾家故物耳。幸無多讓！」

公既歸，則挺然以法爲任，久參夙學，皆卻步矣。先師弘法以來，三演大疏，七講玄談，公盡得華嚴法界圓融無礙之旨，遊泳性海，時稱獨步。

公素慕禪宗，大章宗師開堂於少林，公束包往參，竟中止。既而遜菴昂公從少室來至棲霞，拈提公案，公折節往從，商確古德機緣，得單傳之旨。人或恥公，公曰：『文殊爲七佛師，何妨爲釋迦白槌。』自爾凡出語言，頓脫拘忌，從此安心禪觀。及先師遷化，公據華座，日遶萬指，一旦翻然，盡掃訓詁俗習，單提本文，直探佛意，拈示言外之旨，恆教學人以理觀爲入門，由是學者耳目煥然一新。如望長空撥雲霧而見天日，法雷啓蟄，羣彙昭蘇，聞者莫不歎未曾有。先是講肆所至，多本色無文，所入教義，如抱樁搖櫓，略無超脫之機。及公出世，如摩尼圓照，五色相鮮，隨方而應。一雨普霑，三草二木，無不蒙潤。且以慈攝之，以威折之。一時聰明特達之士，無不出其座下。始終說法，幾三十年，每期衆多萬指。卽閒遊山水，杖錫所至，隨緣任意，水邊樹下，稱性揮塵，若龍驤虎嘯，風動雲從。自昔南北法席之盛，未有若此！

先師說法三十餘年，門下出世不二三人，亦未大振。公之弟子可數者，多分化四方，南北法席師匠，皆出公門，除耶溪三明明宗已往，現前若巢松浸一雨潤大唱於三吳，蘊璞愚晚振於都下，若昧智獨揭於江西，心光敏宣揚於淮北，海內凡稱說法者，無不指歸公門。非具四攝之力，何能有此？嗚呼！豈尋常可測哉？

公每撤座，則修壁觀，嘗於長興山中，結茅習靜，入定二日，林木屋宇爲之振動，此人所未知也。

天性坦夷，不修城府，不避譏嫌，以適意爲樂。來去翛然，如逸鶴凌空，脫略拘忌。達觀禪師頗有嗛於公。予曰：「師固不知雪浪，吾觀其因地，聽唯識而發心，向藏塔而剪髮，此再來人窺基後身也。」達師首肯曰：「吾自今不敢易視此公矣。」

嘉靖末年，本寺雷火災，殿堂一夕煨燼，予與公相對而泣曰：「嗟乎！佛說大火所燒，淨土不毀，何期與之俱化耶？傷哉難矣！方今之世，捨爾我其誰歟？惜乎年輕福薄，無道力，從此決志修行，他日長養頭角崢嶸，終當遂此興復之願。」由是予北遊，固志在生死大事，其實中心二十餘年未嘗一日忘；即五臺東海，皆若子房之始終爲韓也。不幸而竟以買害，信乎大事因緣，固未可以妄想求也。

及予罹難被遣，過故鄉，公別予於江上，促膝夜談及初志。予曰：「事機已就，若不遭此蹶，指日可成，今且奈何？予往矣，兄試相時先唱，當躬行乞於南都，以警衆之耳目，予早晚天假生還，尚可計也。」公頷之。明發，遂長往，萬曆乙未冬十一月也。

予度嶺之三年，戊戌，公見本寺塔頂傾側，遂奮志修理，一時當道助發，給諫祝公首唱，公親領衆數百，次第行乞於都市，一時人心躍然興起，金錢集者動以千百計，大役遂舉。塔高二十五丈，其安塔頂管心木，約長七丈，架半倍之，則從空而下，如芥投針，其勢難矣。公心苦極，忽嘔血數升。時管木即入在架之人，如鳥棲柔條，竟無小恙，豈非心力所致哉？會計所費數萬緡，唯聖母賜三千金，其餘皆出民間，未動公家一髮也。

公生於富室，人皆視爲性習軟暖，及中年操履，篤於苦行，於江東大市立捨茶菴，公自擔水，日供不倦，門人相從，說法不輟，卽弱骨者日益强矣。居常思結十方粥飯緣，暮年就吳之望亭，開接待院，接納往來，躬操薪水，執作具，領學人作務，日則齋飯，晚則澡浴，夜則說法，二利並施。三吳之士，翕然信向，卽闡提亦轉爲護法。

未幾示微疾，一日告衆曰：『汝等善自護持，吾將行矣！』弟子乞師垂示。公曰：『如空中花，本無所有，說箇甚麼？』問曰：『師卽不諱，用坐龕，用棺木？』公曰：『坐死用龕子，臥死用棺材；相錫打瓶，且莫安排。』言訖，頃卽索浴更衣，端坐而逝。弟子輩迎葬於雪浪山，化之日悲感載道，學人如喪考妣也！公生於嘉靖乙巳九月九日入滅於萬歷丁未某月某日，世壽六十三歲，法臘四十五夏。得度弟子雖多，獨孫慧經字緣督者，盡得心要，且善相宗，其唯識一論，實從開發，惜乎早夭！傳法弟子出世者，如前所列；隱約者，尙多多也。

嗟乎！予與公猶同胞也，三十暌攜，老未合併，時爲永歎！每思當世，知公者希，況沒世乎？因述公生平之槪，爲法道中興所係，且令後之學者知大法因緣有自來也。

贊曰：聞之菩薩往來人天，留惑潤生，尙有隔陰之昏，而不通於宿命；唯自驗之於夢中，智者觀之以習氣，毫無爽也。予以公出家因緣，是知必爲再來人，至人潛行玩世，逆順無方，豈常情可測哉？龍象蹴踏，固非跛驢所堪，無怪乎肉眼忽之也。苟非乘夙願力，豈能光流末世，起百代之衰哉！觀其生死脫然可知矣。

祭達觀大師文

維萬曆四十四年，歲次丙辰十一月庚子朔，越十有九日丙戌，前海印沙門辱敎德清謹陳香積之供，致祭於紫柏尊者達觀大師之靈曰：

嗚呼！惟師之生也不生，乘願力而來；師之死也不死，順解脫而去。去來不落常情，生死豈同世諦？以師之住世也，秉金剛心，踞堅固地。三十餘年家常茶飯，脊骨純鋼；千七百則陳爛葛藤，鼻孔殘涕。推倒彌勒釋迦，不讓德山臨濟。爲人極盡慈悲，臨機絕無忌諱。誓護法若惜眼睛，求大事如喪考妣。不與世情和合，便是眞實行履；晏坐水月光中，獨步空華影裏。初訪予於東海也，頓脫形骸；旣再晤於西山也，搜窮骨髓。當予禍之未形也，備告以隱微；及予難之旣發也，將爲我以雪洗。且申宿約於曹溪，將扣閽於帝里。冒炎蒸於道路兮，望影響而進止。乃設法以多方，冀出予於九死。嗚呼！師之爲法門也，實抱程嬰杵臼之心；師之爲知己也，殆非管鮑陳雷之比。予荷皇仁之薄罰兮，在師心猶未已。予被放於嶺表兮，師佇候於江沚。一見悲歡而交集兮，如九原之復起。予與師作永訣兮，甘爲炎方之厲鬼。師囑予以寧志兮，冀幽扃之再啓。予揮涕以臨長路兮，師執手含悲而不語。維時關山一別兮，日月若矢。心知師之不我忘兮，每丁寧其無以。師以願力所持兮，誓不負其本始。乃斂太阿之光燄兮，不願放於塵滓。冀和璧之必信兮，不惜隋珠之輕抵。將扣君門兮九重，倏飆風兮四起。陸海波騰，龍蛇披靡，玉石俱焚，法幢傾圮。師登八道之康衢兮，忽遇長蛇與封豕。皇天實鑒其衷腸兮，唯見逞於庸鄙。幸此心之一白兮，聊以發其蘊底。師實曠然，何憂何喜？逆順隨宜，死生遊戲。何夙負之相尋兮，信前緣之固爾。悲五濁之不堪，直一行之可恃。乃盥漱以趺坐兮，遂寂然而長往矣！嗚呼痛哉！師既不以禍患攖寧，又何以去來爲事？撒手便行，全無議擬。惟師以金剛爲心，故留不壞之體。有予弟子奉師以旋兮，就雙徑以歸止。予聞訃以摧心兮，望長安而殞涕！欲親禮於龕室兮，奈業繫之羈縻；擬生還以慰師靈兮，忽星霜之踰紀。匪此心之暫安兮，第因緣之不我與。頃幸遂其本懷兮，始得陳辭而致誄。嗚呼痛哉！師何死兮我何生，我不來兮師不寧，形骸異兮共此心，幽冥隔兮終合幷，誓同歸兮踐深盟。寂光朗兮師安住，我頂禮兮展哀慕，陳香積兮灑甘露，師臨機兮願來赴！光明兮照曜，翹勤兮延佇。哀哉尚饗！

與達觀禪師書

一

某鈍根下劣，屈于塵習，適特地走人間，自以無謂，不期錫杖落此，豈知吾師精進力所攝持耶？昨禮座下，辱法愛連宵徹夜，眞言密語，如咒病龍，心心在雲雨耳。卽殑伽能領深恩矣。惟師一一辛苦中來，某一旦坐受其惠，竟何以報！想十方諸佛，定爲此會生歡喜發讚歎耳！此緣殊非小小！

某愚癡，向謂琬公亦靈山會上人耳，匪蒙攜過雲居，親見肝膽，則某此生幾不知此公矣。承命作復琬公塔院記，初不自量，將謂易易，遂莽鹵承當；及至雷音觀其眞迹，不覺氣縮，卽以虛空爲口，大地爲舌，猶不能讚其功德，況方寸流注乎？因懇祈請法力加庇而爲之，尤難措辭。馬上至潭柘，思已過半，及覩師手書二經，莊嚴妙麗，讀願贊則泮然具足矣。十五日暮歸慈壽，次日焚香禮禱而後操觚，屬艸剛完，使者持法音至，諷誦數過，歡喜絕倒。勞法身特現塵中，蓋似慈悲太煞，使某何以當此，敬謝無量！塔記謹此報命，其文千二百餘言，但某心血止此，有則盡吐之矣。其間但欲點染虛空，自覺少光燄耳。願師印證，不吝郢削，無使琬公見屈，抑令觀者增深佛種，惟慈攝受之！某和南言。

附達大師答書

一

眞可和南：辱塔記，卽率衆焚香頂禮訖，疾讀三四過，令人無地可以寄口舌贊歎也。苟非眞得琬公之心骨之苦處，安能吐辭等刀鋸，剖痛情哉？寧惟使琬老朽骨生春，卽某足賴之不朽矣。如是扶植法道，將何以報海印主人？咄！一棒分死活時，決不敢作世諦流布。某再和南。

二

憨山大師侍者：某此回出山，諸人以爲突出意外，那羅堀主此回來燕，圓成無量功德，豈惟諸人慮不及此，卽堀主亦不意憨頭憨腦，闖入是非鬧藍，做許多好事。發古德之幽光，解衆人之紛糾，而道人亦得託不朽于寸管，是無上供養，慚何以消？怖懼怖懼！懷靜送經圓贊，幷小敍謹奉命，卽著如奇呈正。超如所持偈，不遑一爲發揮，行恐觸境逢緣，終被物使，奈何奈何？道人行縱，主人旣還東海，卽亦往石經矣。然再必一晤而別，尙有數語，似不可少者。某再和南。

二

承慈遠問，悲欣交集，病病之心，知在法眼，望色決脈于十年前矣。惟神明之祕，久默斯要，今豈逃洞見肝膽耶？但今道人受病之原，初爲客邪所干，中傷眞氣，以致君火太盛，銷鑠肺金，內外交攻，上下否塞，梔子益母不用，而用貝母，轉使大小便利不通，固結日甚，庸醫誤入肉寇，熱勢益增，幾悶致死，賴甘艸解之，而揀去肉寇，得椒通和，周身汗出，道人幸佐以軍薑得蘇。其同病者，竟誤中狠毒，良醫束手。幸元氣未損，必不傷生？須徐徐調理，但眞陰水生，心火漸降，客邪消伏，眞君泰然，則可保復元氣，全生性矣。感荷慈念，遠問受病之原，其狀如此；惟賴白毫遠照！自受病以來，雖大火猛燄炙身，而五內清涼，略無一念疲厭之心，其視三界牢獄，四生桎梏，端若天光雲影耳。向來所入海印三昧，俱成水月道場，空花佛事矣。幸得情關迸裂，識鎖頓開，時將長策象王，而逐金毛，回步旃檀之林，饑餐紫柏，渴飲曹溪，吾生之願，遂畢于此。更不敢勞移步毗耶，再施甘露，但願安隱那伽，深入無際，以待圍繞三帀耳。使回，謹此，奉慰慈注！

三

世相空花，瞖目顚倒，已不足論。而成住壞空，往來代謝，有爲如是，法性湛然，復何加損？第念法緣未溥，願力未周，向爲智礙，今則從空霹靂一聲，種種幻化，雲翳蕩然。且幸而今而後，方爲無事道人，此正火聚刀山，成就淸涼如幻解脫，斯實聖恩于我不薄其他一切是非，泯然殆盡，又何足道？若能成就無上道力，一切佛土，隨願往生，又何區區拳石勺水間邪？知師同體之愛，愛踰骨肉，同心之憂，憂入肺腑，故敢以此奉慰，非妄語也。不慧出期不遠，儻幻緣有待，尚圖荷策雲山，優遊末歲，其法喜之樂，又當如何？此又天龍所遣，成就第一希有功德也。

四

不慧障緣深重，辱師同體慈力而攝受之，所勞神用，種種甚微細智，固超情表，豈容言喻？旅泊話別，挂颿而西，以新正五日抵桐江，冒雪弔健齋，晤見臺公，詢休郎動定，云業已束裝明發，有九江之行；尋卽遣書至吉水，邀過桐江，相聚舟中，歡然道故，宛若多生熟遊菩提分法人也。爾瞻聞之，卽迎過鐵佛菴中，相見機語甚投，此君根器猛利，況得休郞爲前茅，不一言之下，則向之堅壁旂鼓，不覺自偃，頓然翻案，大非昔日鄒君也。不慧過上元方行，休郞送至廬陵，會王性海，此君天然道骨，不意末法塵勞中，有此上根利智；將來成就法緣不淺。因留連二日而別。休郞卽放舟東下，想見知忍，則可委悉因緣矣。不慧于二月三日過庾嶺，旅邸壁間，忽見師留題，恍對法身而臨寶鏡，歡喜踊悅！因書偈曰：『君到曹谿我不來，我到曹谿君已去，來來去去本無心，誰知狹路相逢處？』飽餐而去。六日至曹谿，禮六祖眞儀，頃卽出山。至五羊謁總鎭王公，因服見之，此公意氣甚高，親見降階釋縛，乃云：『公物外高人，況爲朝廷祈福，致此奇禍，何罪之有？吾輩正中心感重，豈可以尋常世法相遇？』固讓不可。竟留款敘。移時齋食而退，且又遣力護送往戍所，途涉千五百里；道殣相望，雖三尺童子，亦操戈挾刃，殊不辨其盜非盜也。至電白，其程猶半。迤南山林蓊鬱，咫尺迷蹤，曠野高原，迥無煙火。窮日粒米不糝，終朝滴水不啜。雷地饑荒尤甚，業已四年，瘴癘大作，時疫橫行，毒氣熏天，炎蒸蔽日，枵腹罹災，死傷過半，悲慘之狀，大不可言！況復海岸腥風，嵐煙烈日，觸鼻透心，神昏意醉，此爲罪鄉，誠非虛設！私謂自非徹骨冰霜，何能消此酷毒也？仰庇諸所堪能調伏，無生忍地，即荷戈行伍，不異道場。但泉涸艸枯，無薇可采，資非禪悅，何慮不爲西山餓夫？惟不慧道愧先德，遭時過之，此業力所勝，死生又何置念？直以本願未醻，佛恩未報，爲慚愧耳！竊念諸佛以不思議神力，調伏衆生，非以一方便而折攝之。欲其情枯智竭，須知極境窮源，冥益鈍根，眞慈不淺。儻法緣有在，異日天假有緣，與師對談夢幻法門，豈不以今日因緣，爲實證也。惟師智光圓照，天南萬里，不隔纖毫，仰願無緣慈力，時以攝之！

五

江頭一別，瞬息三年，無時不寄情霄漢間也。丁卯冬初，覺音來，得奉手書，并荷慈惠，法寶盈篋，種種功德，眞灑甘露于焦枯，布慈雲于火宅也。康祖贊，點開髑髏，金剛正眼，讀之令人徧身毛孔熙怡，喜不可知，此非無緣慈力，何能至此？覺音云：杖錫有遠遊之念，自爾不知所指，此心逐逐妄想，每與右武聚首，未嘗不對妙音色相也。右武眞奇男子，前冬別時，頂門一鍼，渠自云痛徹至踵，頓然翻案。不慧因贈之曰，覺非居士，今已大非昔人矣。此公別去，時復寥寥，所幸諸緣屏絕，四大輕安，無所損惱，得以閉門穹廬，究竟未了公案。楞伽幸已脫艸。去夏攝引初機數輩，演法華于武場，以酬師之大願，有擊節數紙，此皆支離糟粕，殊非眞知見力。但念此餘生，置身于無事甲裏，彌感聖恩難報，聊復以此消磨歲月；且仗諸佛神力，持以洗汚穢之愆，故不惜世諦流布也。適接法音，不覺歡喜絕倒！瞻金剛塔，如對法身；讀諸祖贊，如聽梵響，啜陽羨春茶，如灌醍醐。念此瘴鄉，何緣得此？普令見聞隨喜獲益！大義重來，此亦僧中程嬰也。此子信根原深，第習氣不淺，今幸別來亦大損減，又荷師法力攝持，卽此可望上進。覺音此來，大爲抖擻，胸中頗有樂地，惜乎志有餘而力不足，亦不負此生，可作金剛種子，再出頭來，必不負善知識因地也。渠聞師在匡廬，亟欲一見；遂遣先歸以報。計大義入夏可至，至時又當委悉。

六

前大義來接法音，歡喜無量！知動定如宜，甚慰遠懷！比來爲曹谿因緣，想聞之必大撫掌？先心尙欲令義郎自燕而晉，及臨行，念其二十年來，跉跰他方，今其師物故，已二載餘，甯忍不拈瓣香撮培土乎？因是遂立促還家山，由楚而歸，不及布體座下。今夏幻軀幸無大病，第爲荔枝魔發，徧體疥瘍；又爲假曹谿粥飯僧魔，妄作鬼祟，是故養病蘧廬，此時正欲入山。且幸某公發大道心，願作檀越，第其人清澹如水，志大力微。師能以無作妙力，遙伸右手，過百一十城，豎此金剛幢乎？不知上方佛土，寶威德如來，何日爲衆生說法，令我遙聞謦咳彈指之聲也！新歲三，得中甫問，慰安情至，深感道義同體！知應徵車，計中秋可抵薊門，侍座下耳。粵孝廉馮生昌歷，乃此中弟子上首，近書來云：已入丈室，何幸如之！第不知此子去就何如？儻在都門，願時時拔濟！知二護法，大著勇猛力，必致感應，但聽時節因緣耳。

七

堪忍土中事，種種幻化，正宜法眼視之耳。若入鶖子之目，亦未免作淨穢見也。昨永順持法音來，知杖錫有靈岳之行，回書徑往報之矣。旃檀如來因緣，已悉前問，蓋佛神力不假于他也。持去楞伽筆記，奉入慧目，以作法供養。某下劣，深知此一段大事因緣，皆如來所遺，抑聖恩所賜，卽此可爲報恩地，但願此法普徧微塵剎土，一切見聞，同入自心現量，卽不慧委塡溝壑，則此生千足萬足，夫復何憾！第不審就中有少分相應否？願大施金篦，披刮瞖膜，其幸不在區區耳！

八

春三月，促覺音負病歸，是時尙想紫柏與五老爭雄，遣八行往訊。忽順禪人持禿筆字來，則知己拖泥帶水，向萬里無寸艸處去也。笑老癡，爲底事，如此忙碌碌耶？昨有人說長安路上有个沒料理漢，竊官家一坏土，揑作丈六金身，令無量人生顚倒想，復將丈六金身，撇向十字路上，令往來驢馬踐蹋，若紫柏老癡過此，又作麼生耶？嘗憶老趙州，將一莖艸，作丈六金身；老雷陽，則將丈六金身，作一莖艸，此个公案，是同是別？知在萬仞峯頭，必發一笑！老紅鹽，近來毒氣熏得耳聾眼花鼻塞咽悶，不知何時向白銀界裏翻身，一吐此惡習也。

九

紅盔去紫柏萬里，時聞說法音聲，在鼓鞞刁斗間，如塗毒入耳。轉令瘴煙毒霧，化作甘露，日夜飽餐，故當死不死。更見鉢沿蝨蚋貪涎流溢大千，何時三災火起，燒爲煨燼，毗藍颶去，光音霆雨，一洗劫灰淨盡無餘也。曹谿舊稱西天寶林，比爲魔宮鬼堀，可笑紫柏老人神力不大，暫求一宿不能安，今天遣紅盔特來灑掃，八年之內，極盡神力，一洗殆盡，魔黨盡驅，今將化穢邦而成淨土，變業海以作蓮池。老盧埋沒千年，今日始得轉身吐氣，將來絕後再蘇，頓見光明赫奕。但閣門堅閉，不能頓現無量莊嚴佛土，只待文殊遙伸右手，過一百一十餘城，聊藉彈指之功，便見重重無盡境界。假使十方世界一一善財，如佛剎微塵數衆生參禮時，可使一一頓入毗盧法界也。此蓋老紅爐鎗頭上佛事，旃竿下工夫，較老紫柏端居淨土，坐蓮花中吐廣長舌，爲諸化身大士，說利生法門時，同別何如？某禪人遠來相問，不減契順走惠陽，老紅爐且無覺範別胡强仲氣習也。某舌端時時現出紫老法身，居然在目，敬持梵香一盂，用伸供養，唯慈照之！

與妙峯禪師書

一

某切自念鈍根下劣，結習濃厚，乘夙善緣，天幸吾師辱以眞慈拯拔，曲盡心力善巧方便，面命耳提，日夕無間者數年，居常切覲我師默造之心，恨不能通身躍入我心，頓令眼目動定，若有靈聖者。但土木坯胎，終難變化，雖然禱之既久，入之既深，不無感通冥應。某情雖鹵莽，而于潛滋密化，未嘗不由吾師幻網三昧加被之力也。雲聚清涼，月明空界，自爾形分影散，隱顯同時，雖于妙音聲欬，勢阻關山，然其實相眞身，儼含心水。別經五稔，猶同一日，道越三千，不隔寸絲。是則深居寂寞之濱，益入圓通之境，可謂迹逾疎而心逾密，聲日銷而實日彰，某之形神，未嘗去吾師一念也。然某自知形器穢濁，謂斯朽骨惡氣衝天，非寥廓大谷不足以藏之；塵勞塞漢，非汪洋巨浸不足以洗之。故甘心拚命，擲此山海窮鄉，而置盡絕之地，且將無復人世矣。不意默承護法菩薩，運通寶藏，頓使一光東照，大破暗冥，可稱萬世希有功德，原其所自；與者受者，又皆盡從吾師圓妙清淨眞心流出也。客冬某持法旨至，接讀十數通，深見師心，不覺涕泣交頤！即所云：「喜心翻倒劇，嗚咽淚沾襟」耳。然所悲者，非屬于情，而在出于常情者，舉目寥寥，豈容多見，是不容不感悲且痛也！嗟乎！某此生已矣，竟同艸木枯槁無疑。至若報侍左右之心，有懷未卽，惟願我師眞慈不棄，心心圓照而攝受之，令癡子不入顚倒狂途，而安步歸圓覺路也！時幸託此一枝，頗稱幽勝，儻識海波澄，意吾師心月，能自忍留光而不落影于此中乎？

二

不慧平生，每自尅念，于此長夜，得値吾師，可謂再逢親友矣！故自緣會三十年前，卽知有向上事，二十年中常勤除糞，此一念苦切之心，未嘗去于眉睫。但恨積習深厚，不能頓淨現業流識，有負師友法恩，大爲慚愧！爰自離析以來，忽十五年，實已臥薪嘗膽，痛自策勵，未敢少惰。第以幻翳未消，猶沈幻網，心知被縛，力不自由，良以慧劍不利，不能頓裂此知痛處，敢欺吾師。及幸以法爲緣，知報佛恩，卽以幻網爲佛事，其荷負之心，實持九鼎，而法報之病，益增七重。將謂不負所生，敢追先哲此實狂愚，非謂慧也。幸亦心知非正，如夢渡河。念蒙我聖主隆恩，惠以金剛燄爍破重昏，俾歷劫情根一揮頓裂，囘視昔遊；皆同夢事。是故不慧以此慶快平生心知吾師必爲我賀。今雖遠投瘴海，如坐道場；飽飲炎蒸，如餐甘露。荷戈之暇，惟對楞伽，究佛祖心印，始知從前皆墮光影門頭，非眞知見力，是知諸佛神力，調伏有緣衆生，非止一種方便。若逆若順，無非令入清涼大解脫門，火聚刀山，無非究竟寂滅道場地，而今而後，或可謂不負己靈；亦可謂不負師友矣。于會心處；隨筆記之，今將卒業，此雖非正順解脫，聊以法自娛，適足以見光陰不虛度耳。意吾師聞此，必發一笑也？大義萬里遠來，以得法音爲喜！第念此子持吾師一言付囑于不慧者，已十五年，心如一日，辛苦萬狀；然于禪道佛法竟未啓齒，此眞出世丈夫，法門奇事。今復依依萬里至此，豈不慧所堪，況彼師親皆老；何獨我爲？是以促歸。且以不慧行藏，奉慰知己慈念也！第緣有聚散，法無起滅，在正眼視之，了無朕迹，刹海不隔，劫念圓收，又何有去來彼此之相？吾師處此久，如諒不以天涯罪夫勞靜慮也？儻天假以年，猶當白首同歸，以醻初願。惟禪悅滋神，以道自愛！

三

惟師以法界爲心，以行願爲身，卽彌綸華藏，莊嚴塵刹，當無疲厭；此遐荒雖遠，正不出吾師毛孔也。其攝受之心，如珠網交羅，光光相照，更不容妄想于其間耳鈍根年來坐此瘴鄉所作佛事，亦不出師幻網三昧。第以情生智隔，不能餐師法性之樂；然亦賴此爲消熱惱，作清涼地師其以爲妄乎？古人爲到處家山，隨緣樂地不慧卽不能全體，適足以自娛。楞伽四卷，誠以印心吾師慧目肅清，必深照洞徹其原，卽此生無對面之期，而世世常爲法侶矣。

四

自入瘴鄉六年，不知霜風作何狀？今正月六日南征，宿新州客邸，寒風刮面，不減塞上，夜深擁衲，夢想正在萬丈冰雪中；忽推門扣見者，大義也，乃驚喜絕倒！所負北來諸故人書，首開吾師函，恍若對面坐五臺拄地菴中，枕膝夜話時也。歡喜可知！復詢吾師種種功德，種種莊嚴，此家常事，不假稱揚。嘗讀楞嚴經，見阿難望佛惠我三昧之語，將謂虛談，以今觀之，不但身坐瘴海，卽入鐵圍，必蒙吾師足光先照矣！所謂因緣會遇，窮劫不磨，豈妄語哉？不慧今年五十有六，不覺老至，形容透俗，心地日開。常自私語：若此形不化，足以甘心苦海，爲人天作橋梁臥具，此狹劣之見始由吾師攜之，今更見其眞耳。大義之走瘴鄉，誠以爲苦，今遣歸家，可以休歇狂心，作己躬下事；望吾師惡辣鉗鎚，銷鎔習氣，是以不負吾輩，亦不負其先心耳。

五

不慧以業力遷謫，擲此嶺外，不減曼殊在鐵圍，師以慈善足光，時時照拂，亦不減菩提場中初成正覺時也。大義來，具荷攝受，感不在言。惟師願輪日廣，三昧日深，顧此區區穢軀，親近隨順如夙昔，豈能再得？不慧處此業鄉，三年餘矣，禪定解脫，未知何如？但所喜者，學成眞正俗人，其所消磨日月者，重增文言陋習，皆多生積障，今日盡發，不知何日得三帀座前求懺悔耳？先具數種，師其爲我印正之！遙憶多寶妙塔，涌現虛空，但昔日靈山會上，釋迦分身盡集，而塔戶一開，多寶出現，吾師分身當何時而集耶？令遙聞者，不禁瞻慕之思也；卽有可散之花，亦無神足可遣耳。

寄蓮池禪師書

一

往者，某居金色界時，吾師因禮曼室來，承以無緣慈力，攝受我于冰雪中，使某得以坐瞻光相，深慰夙心！信宿而別，自爾傾注之懷，蓋亦勤矣。某去臺山，將南歷百城，擬參座下，復爲業力牽之東海，良以耽著枯寂，遂置身窮陬篾戾車地。因之矢心建立三寶，上報佛恩，亡軀盡命，鬱鬱十年于茲。向以道力孱弱，大爲魔擾者日月居半，以致取辱法門，見呵智者。今且猶不自量，乃戀戀堀中，以臂當轍，心心不退，豈宿習然哉？切念道法垂秋，正宗澹薄，賴吾師乘大悲願輪，高豎法幢，宗說兼暢，止觀雙運，毗尼獨揭，淨土專門，使狂子知歸，淳風可挹。禪者自南中來，無不備詢起居，知法體輕安，色身康健，樂說無礙，應機不倦，微細之制，不減迦維，何幸衰世末流，遇斯弘範！每一興懷，五體勇悅，毛孔皆香，深愧業繫不前，未遑瞻覲！茲門人脩巖特致問訊，薄具名香三色，奉爲說戒時供養，普熏四衆，伏希慈納！

二

惟吾師踞寂滅場，以佛性戒，而爲末法衆生種金剛種子，此等最上因緣，乃毗盧之所願，釋迦之所贊，宜爲天龍八部之所欽也！若不慧者，以穢濁之質，點汚法門，以業累之緣，罹斯罪垢，實受諸師所呵，乃辱吾師攝受，豈非以平等大悲普視有情者耶？不然，何慈音無遮，一至于此！瘴鄉拜辱手書，不啻足輪光照鐵圍，令有緣謗法者，先蒙益耳！不慧向沈幻網，今幸荷諸佛神力，以金剛烈燄而銷鑠之，今則罪性了然，且賴此作懺悔地。年來奔走之餘，所作佛事，著述數種，乃藉佛祖心光，以爲破障之具，以孤陋之見，處僻遠之鄉，不識果與此法少分相應否？敬持獻座下，乞師法眼，爲我印決！儻不墮增益謗，或可聊弭夙愆，囈罔極耳。

與蒲州山陰王書

一

憶念往昔乞食人間，持鉢大檀之門，卽辱法眼相看，忘形屈勢，使野人區區，自不知其固陋，出入朱戶，側傍玉顏，若遊蓬華而狎鷗鷺，自非達人深證無生，兩忘物我者，不能如此。德香薰人，不覺點染心骨。別來十載，端若須臾，縱居冷地，徹髓冰霜時，或隱隱妄想潛興，妙音色相，儼然現我心鏡也。自入臺山，深賴妙師琢磨之力，然雖上愧古人，要且不失初心，頗有自信之地，未敢有負知己。自爾雲散清涼，妙師振迹蘆芽，山野潛形東海，亦復數年。日坐海印光中，安居成平世界，塵境幽然，身心日遠。是於大檀音問，竟歸寂滅矣。適萬固老衲隨緣海上，入我堀中，詢及大檀所證法門，且云日深如幻三昧，諸有併空，寸心無住。山野喜不自勝！嘗聞輕拱璧駟馬，而重坐進此道，至有善入塵勞而作佛事者，未見其人。是今見之大檀，足不負我輩知己者耳！然雖山川幽邈，且心光照明，纖毫不隔，第恐情生故自隔耳。嗟乎！此生已矣，言笑無期！惟願大檀，安心一境，平視死生，是則把臂寂場，至無盡際，豈直千里同風者比哉？未遂接足，故託此寂音，以扣玄默，冀神珠朗照，不在多言。

二

不覩光相，屈指十五秋矣！人生悠悠夢幻，顧如此耶？惟妙契忘言，眞俗不二，若檀越之於貧道兄弟者，法親骨肉，兩間屬目，難再其人。每妄想一興，心光瞥爾，頓現法身，是知三千里外，不隔寸絲，殆非虛語。龍華譚上人來，得奉法言，手之三復，足見深入無量義處，但貧道黃楊木禪，進寸退尺，乃不自知量，偶落語人間，遂爲好事揭露，不意遙塵天眼，實增慚愧！何敢更辱印證，過譽如此！儻不吝法愛，并流無窮，使千載之下，想見同風，豈直音聲相和已耶？妙師齋藏往雞足，此誠一椎兩當，但萬里雲遊，此心不无懸懸。向未有問。達師當代師子也！向云遊目三秦，囑過門下一會，未審至否？然此師風骨，眞橫空寶劍，使人一傍，則愛根永斷，豈但能輕萬戶耶？常謂像代可無臨濟德山，而末法不可無此老也。

三

數年不通音問，想檀越髮無遺墨矣！人生夢幻如此，豈不重增悲慨耶！妙師造無縫塔，已呈其樣，必收檀越祕密藏中。他日儻至借觀，不識如何拈出？山野住那羅堀中，修行無力，被山鬼搬弄，直嚷動三十三天，致驚天王震怒，擲於大鞴爐中通身鍛鍊一番；且使身心俱化，骨肉全銷，以至家破人亡，迄今投之瘴海，孤征萬里。且喜火枷脫卸，慶快行脚，將補三十年前未完公案。意檀越聞之，必心生痛癢耳！今已長發就道，恐檀越愛心不斷，必作天南地北夢想顛倒，撓亂禪悅，特此問訊，乃報喜非報憂也！惟檀越與妙師眉間光明，照萬八千土，然此萬里，猶在眉睫間，不知何以攝受我也？

四

一往夢事，前書具見。既皆顛倒，夫復何言？第在世相有成虧，於法性無加損。智眼明炤，諒不以之撓泰定耳。山野以幻化空身，投之蠻煙毒霧中，如坐千尺寒巖，萬年冰雪，卽有骨未融，而亦爲之銷爍也。不審異日賢王，於何處索空生耶？山野近在五羊，得奉法旨，讀之深委慈念眷注之切。細披諸作，皆精心中出，自當光耀千古！比於邸報見斷髮表誠疏，此實賢王歷劫菩提習氣，於此感發，亦乃負荷衆生願力所持。山野以爲賢王果能親生死如一髮，則必能以一髮引千鈞，以此上爲社稷，下爲蒼生，致君堯舜，夫復何難？是不待越三界而取菩提，儻或習發於忠以忠資習，是不免於徉狂，雖博名高，難收實效，而世出世法，兩皆失之，意賢王必有所以自處矣？便當幸以教我，翹首德音，慰此懸切！

五

塞北天南，相懸萬里，在智眼圓觀，曾無間隔，而妄情自蔽，寧無去來之思乎？不審比來檀越，以法自娛，能無衰惱耶？嘗聞佛爲波斯匿王，指不遷之見，以觀河印之。惟我賢王終日臨流，睹逝者如斯，而見未嘗往者乎？昔者每聆談者，謂四大無常，而佛性眞常，則以爲祕印，今則謂之不然，何也？以法性徧在無情，而法法皆眞，是則五蘊元虛，四大又何加損？觀佛骨金剛舍利之光，是以無生之念，薰有漏之軀，而成佛性常住不壞者；比瞻六祖全身，信乎佛言不妄矣。賢王以此視幻軀，如水月鏡像乎？果於是中覓之而不得，回視目前，皆曰幻化，而憂惱之情，亦無地可寄矣。鈍根未入此番爐韝，未免墮半生半滅之見；今入楞伽法性海中，則洞達昔之知見，正若貴魚目耳。由是知古人不肯輕易可人，必到窮原絕迹之地，殆非以知見淩物，殊非把住放行之說，此皆戲論。觀永嘉之見六祖，則一切狐疑，頓然冰釋矣。賢王智熖，以此爲何如耶？楞伽筆記，皆鈍根年來懺悔公案，寄上賢王，同妙師判之！若此中有容鍼地，則鈍根又當貶入鐵圍矣。

六

計與老居士一別，幾三十年，瞬息頃耳。信乎念劫同一時也。第恐人生浮世，幻影幾何，良友勝緣，不能再得。況復參商異路，宛如隔世，縱精神洞達，而形迹靡俙，言之令人悲慨耳！前大義自河中持法旨來，今忽屈指又三年矣。日月欺人，亦至於此。讀札語，知法體耐老，筋骨益强，此老居士多劫以般若薰蒸金剛種子，以爲胚胎，況爲造物遷流者而作眞宰，於何不健？深以爲慰！山野幻軀入此爐冶，所賴天恩陶鎔，渣滓漸見消落撫心感愧，無以報稱，雖坐瘴鄉，不敢一念忘君恩佛慈也！

七

人生天地間，忽如遠行客，況以一息餘生，持浮脆之軀，而爲客中之客。當此炎荒瘴海，毒氣薰蒸者乎？知賢王以此念我而不知我以此念賢王也。自入罪鄉，三接法音，琅琅在耳，回想舊遊，不隔纖毫，是知古人不遷之旨，卽在當人日用中也。山野年來，此中法味不淺，但不得與知己共之耳。昨某來具悉賢王起居狀，備審長殿下，仁孝純至，此自般若種性中來，況今得入聖胎，又得滋培長養之力，何慮不臻其妙？且又喜以貧養志，以恬養知，此又從願力而得，燄燄火宅中，求此清涼人物，豈易見哉？惟賢王幻遊浮世，百冗可心，可心者，惟此淡薄滋味耳。妙師冗縫塔一手託出，其樣子又在賢王樸頭角邊，即今如從地涌而分身之衆，未知集否？又不知誰爲彈指開寶塔戶，普集人天，盡見多寶全身也？又不知幽暗衆生，可能盡睹此段光明否？

與周海門觀察書

一

頭陀蒙以甘露見灑，清涼心骨，頓啓沈痾，此段因緣，實非淺淺。別後之懷，大似空生晏坐石室，時見法身，不離心目間也。嘗謂個中事，須是個中人，嶺南法道久湮，幸得大悲手眼，一發揚之，使闡提之輩，頓發無上善根。比雖入室者希，而知有者衆，皈依者日益漸佳；如菩提樹下，與曹溪諸僧，最難調伏，近來回心信向者，蓋已十之二三矣。惟此一段眞風，皆從大光明藏中流出；足證居士此番宦遊，實是龍天推出，乘大願輪而行也。曹溪志，今始刻完，幸垂一語，置之篇首，發揮六祖光明，點開人天眼目，庶不負此嘉會也！

二

柯孝廉於五月省中相見，如再生人；此君根性猛利，能於憂愁疾病關頭，頓然打破生死窠窟，眞豪傑士。憶居士云：『人人皆上根，第無大爐鞴耳，』此君非座下何能一開發如此？非上根又何能猛勇如此？將來海表正法命脈，實賴此君，願佛力加持以色力康强，不患不如古人。山野年來說法，如與木人聽，方外弟子中近得一二人稍可鉗鎚；俗諦中一時信向，而真履實踐者，獨順德馮生昌歷。此子少年靈根頗深，鄉黨一時歸重，無問老少及門者咸師事之，其真誠動物，故孚敎如此。觀此子決志，則將來不退，可起江門之續，斯蓋嶺表法道機緣運轉之會也。近聞與陶石簣太史遊此公冰雪心腸，非一世淸淨戒中來，與山僧相會時，惜機緣未深耳。若得周旋，更大快事。屠長卿近與德園同志，亦當時導引入此向上一路也。鄭崐崖中丞公蓋真爲生死人，近在林下，深知慨懷，第與山僧會時，此向上一竅，尚未開發；居士能以此事委曲通問相慰，足荷慈悲不淺也。此中法緣漸開，弟子中受化之機，前書已具聞之；尚有二三未成熟者，儻天假之以三年，或稍有可成就者，足以不負此行，諸佛所護，如來所使，併法門知己所望耳。

與丁右武大參字覺非書

公與山野此段因緣，固自大奇，海內識者亦莫不稱奇。良由我輩皆墮世出世間二種知見，我慢大障，習氣種子覆蔽本有智慧光明。公墮此，故鎩羽中途，不展搏風之翼。山野墮此，故法幢中折，不克振佛祖家聲。賴諸佛廣大眞慈，不思議神力，同以迅疾法雷而擊破之。彼此人事不同而所遭爐鞲同，既而所投苦趣同，且竟以性命相依同；豈不欲出生死同，證菩提同耶？故共將一篾束之，一齊抛擲東洋大海，直欲吾輩頓將歷劫粗浮習氣，人我是非，恩怨得失，種種垢濁，一洗殆盡耳！不然，何其同死同生，亦至於此耶？嘗謂此則公案古人難調伏者，都用此一機。如昌黎東坡吾門覺範諸老，皆是物也。若昌黎之固執，非大顛不化；東坡之我慢，非儋耳不消；覺範之見習，非瓊崖不泯。然此數公，陶冶皆同，而所遇不同，故不稱千古奇事。惟公固非昌黎，而山野竊不敢望崖顛老，山野雖有愧覺範，而公不讓東坡。即其今日因緣，大越前修，眞千載一時，慶幸多矣！若公無禪喜見志，山僧無楞伽印心，仍循故道而歸，豈不負此良緣，有孤天造耶？所以同處經年，不敢以此向上一着略露微芒者，以公之上根利器，自可一超直入，正如涅槃會上廣額屠兒，放下屠刀，便作佛事，殊非區區者比。蓋入道因緣，固自有時節耳。不意遽爾言別，眞念百劫難逢，今幸相值，豈肯輕易放過？故山野不自知固陋，而於風波之末，若冀承歡喜，一決死生；無三水之猛省，回淇之堅誓，山野定不捨跬步，必追至曹溪原頭，水窮山盡，大休大歇而後已也。所以然者，惟公以菩薩信山野之心，以骨肉待山野之身，海內知己皆以出世奇公與山野之遇，苟山野不以此段大事因緣，剜心摘膽以呈公，又何以慰知己之望，報公非常之愛哉？公不以荷擔如來，爲己躬眞切事，亦非所以愛山野酬知己也！此段工夫，萬萬不難，惟公眞心本體，般若光明，堂堂獨露，所以胸包星象，氣蓋乾坤；直以粗浮嗔慢習氣，時時發現，自障妙明。故吐盡肝膽，而人或不見信，費盡慈悲，而人或不知感。公諦思此外，更有何事愧於人哉？吾佛有言：『一念嗔心起，百萬障門開，』此普賢菩薩利生之大忌，以嗔與慈悲，不兩立耳。唯今但願消得一分習氣，便露十分光明；除得一分嗔慢，便立百分功德。古人所謂『

不用求眞惟須息見；』又云『不必別求，放下便是；』又云『看得破，佛也做；』永嘉云：從他謗，任他非，把火燒天徒自疲，我聞恰似飲甘露，消融頓入不思議。』於此足見古人無他長，只是肯將胸中不可人意的事，一齊放得下，只是人所不堪忍處，自己忍得過，始也生忍，若忍至無生，則頓登佛地，又有何微妙伎倆，以塗人之耳目哉？前曾有聯云『念頭起處卽看破，事未至時莫妄生，』此言雖小，可以喩大。此後願公第一入忍辱法門，做省心工夫，作放下事業。回視從前半生行脚，都是夢事，一口吐盡，不留絲毫，赤力力跨跳，打起精神，踢翻窠窟，揭出斬新日月，別立生涯，如此方始是大丈夫。蓋天蓋地，不負生平之氣象，自有天龍拱手，魍魎潛踪。此正修天爵，則人爵自至，以此較之，虛浮想相，與作眞實不朽之功德者，蓋霄壤矣。如是可名覺非居士！孟浪極此，高明以爲何如？儻知己不以爲欺，則芝蘭不足比其契，金石不足方其盟，是乃金剛種子，歷劫不磨，願與公生生世世，同爲出世津梁，共作慈悲眷屬，度盡衆生，而不相捨離也。山野今日之言，方畢露肝膽，痛絕常情，出世之盟，訂之於此。若果見信，乞將從前與公札子，一火燒盡，不餘一字，則百念成灰。請從今以去，凡與公書，非藥石不發，字字願效吾佛眞語實語不妄不綺之戒。公之所教，但願以別後日用工夫，省力費力處，易過難過處，互相激揚，以成一代偉績。願公先向生死關頭，作一關吏耳！此關一透，則可掉臂遊戲，戈戟場中，是非堆裏，處處頭頭，放光動地；現宰官身，作大佛事，如是可稱出世雄猛丈夫，殆非古今世諦豪傑可比萬一也！別離不遠，生死情長，悵望各天，葛藤徧地，願慧劍一揮，不留毫髮，惟高明努力圖之！

與胡順菴中丞書

一

法駕東歸之計，知公肝膽，決無遺策，斯亦下願耳。但人生福祿，皆自前世預定，豈可以人勝天？萬一不能如此，又豈可坐待解脫，方能進道？即今外居軒冕，內蘊佛心，至若遇物臨機，興慈運悲，所謂觸目皆是成佛種子，無盡福田。但能稍加留神，即一日之間，所作功德，尤較區區千萬什倍。且公權如天地，生殺所在，善惡之機，諒能明察？而幾微之間，所係極大運籌。安攘之略，在公大智之中，猶一覜耳。但以慈爲根，以悲濟物，廣行方便，安然取乎大定之中如此卽是現宰官身而作佛事，豈可與爲一身之榮者同年而語耶？藉斯梏桎，轉爲濟勝之具矣，又何汲汲却跡逃形，而坐馳日月也？千里之思，無以爲獻，此腐言，用發公一睡，何如？

二

山野生平，以直了生死爲念，二十餘年，苦志山林，卽不能徹證，上齊古人，至若生死關頭，良以自信。一切魔冤，皆究竟菩提，莊嚴佛果。其佗禍患得失，是非毀譽，付之自然，又何攖寧？故自罹難以來，一念淸涼心地，未嘗暫移。從去冬十月，於濟城馬首南向，徹骨冰雪；於臘月至白下，迎老母於江上，歡然作別，八日卽揚帆而西也。所賴情枯智竭，幻影全消，明鏡止水，聊以自適。此段因緣，從大冶爐中煆煉將來，幸無爲我縈抱！但願靜養天和，以胥至樂！儻天假生還，尚圖了未盡因緣，相伴餘年也。

三

貧道自涉難以來，實濱九死，直今正眼覷之，然未見纖毫動靜相，即萬里相懸，其實不離跬步也。念與居士忘形半生，諒能入此法門久矣，豈復效常情馳去來想，栩栩然作夢中悲酸耶？貧道此段因緣，不獨超三十年行脚，適足以超曠劫修行。雷陽炎蒸如火鑊，瘴癘死者，澤若沃焦，貧道兀坐尸陀林中，飲瘴烟如灌甘露，忍饑虛若飽醍醐，苟非智竭情枯，何以消受？近得大將軍爲護法，已借一枝於會城壘壁間，荷戈之暇，閉門枯坐，諸緣頓斷；唯披閱楞伽，究西來心印，了未了公案，福善金剛心，已化作光明幢，可不忝門牆。古人嘗謂「祖禰不了，殃及兒孫」，貧道所幸，不墮此語矣。佛謂以七寶施滿恆沙，不如持此經四句；知居士不忘貧子，敢此以慰，其他復何所云。

四

山野坐蠻烟瘴霧中，且喜生緣日薄，道緣日厚，形骸愈苦，心地愈樂，是則何地而非君恩，何莫而非佛力耶？此可與知己者道，難與俗人言也！不審法體何如？摩詰有言：『欲知除老病，惟有學無生；』況「百歲光陰如撚指」能幾何哉？居士春秋日高，前景日窄，從來濁世滋味，備嘗殆盡。諺云：『到底鹽如此鹹，醋如此酸，』到了作何究竟？古人云：『來時儘好，只恐去時不如來時，』此非虛語。居士諦思：從前功名事業，與夫兒女計，皆是他家活計，如何是自家活計耶？若一念猛省至此，不覺失聲，自然着急，打整自己脚跟下生死大事。若不着急打整，還是不曾猛省不猛省一下，又大非居士。此等豪傑丈夫事，山野二十年前，卽爲居士言此一着，故不惜身命，願與之遊。然雖半積陰功半養身，混到今日，就中一點赤心，大似張良始終爲韓之意，與居士相與談笑十餘年，只是虛華境界人情佛事而已；其實未曾打破肝膽。然與居士一寸心腸，炯然相照，亦未嘗不知山野此段衷曲，將期白首同歸，共了此事；豈一旦分崩離析，亦至於此？卽此可以觀生死矣！況今同在乾坤之內，縱隔萬里，天眼看來，猶比隣耳，不能一承顏接色，歡如昔日；何況生死長途，一別杳冥，相逢何日？儻山野不能生還，是與居士長別，再出頭來，不知可能如今生今日也？興言及此，大可悲酸！山野受居士知己之義，非此不足以報居士，信山野不至此地，又非所以答知己也！

答鄒南皋給諫書

一

山野向在絕緣，頃復幻病相仍，養痾深居，其緣益絕，此實天賜爲閒人。回視塵寰，擾擾勞生，求無事人能得幾，想知己必時時爲一鼓掌也。賴此護法，得以安禪寂靜於楞伽三昧，所入益深。頃王光祿同丁大參赴端州制府；約得書云：大有流言於制府中，傷山野者甚衆。二公爲之力辯，幾於髮豎眥裂，此果何謂哉？以此知娑婆穢土土石諸山，難與淨土地平如掌，同日語也。向北來徒輩相從者，以無門托鉢，今盡遣歸，惟山野單丁寄此旅泊，尤爲輕快。枯木寒嵒，不減在昔，非此無以破炎蒸消瘴毒也。時惟國事艱難，蒼生引領大慈悲者而津梁之願努力加飡，爲國自重！爲道自愛！

二

屢荷手書，辱慈念拳拳，周至委悉，自非同體大悲等心愛物者，何能切切如此！山野處此患難，幸得以參塵中知識，兢兢自持，所入法門不淺。年來寂寞苦空，不減深山窮谷，屏絕諸緣，迹不入俗。城中知己，獨王勛丞一人，經年不三過其門。所幸與右武時相往來，眞天涯骨肉，一食不忘，非獨道義相裨，即所資給，亦損口分衛，性命相依，此段因緣，大非淺淺。此公肝膽照人，猶如秦鏡，遇物應機，洞徹五內；其爲載道，最稱上根利器，此番天德陶鑄，所進益大非尋常。異日莊嚴佛土，成就衆生，不可思議！面時，想當歡喜無量也！

三

粵中自庚子歲，世相一變，日見險詖，苦海波濤，望無涯際！貧道隨風漂泊，略無寧止。始知古人以塵中作主，大非細事，隨緣解脫，誠不易得！每憶別時叮嚀之言，及接來敎，切切以此再三致意，諺語有之：要知山下路，便問去來人，自非居士深入如幻三昧，何能徹法如此？嘗聞煩惱烈燄，正是聖賢爐冶，種種執着之習，非此不足以銷鑠之，苟非聖恩，何以臻此？久而愈見恩大難酬也！此中轉塵勞爲佛事，更爲六祖曹溪作無量功德，此蓋從眞切苦心中來，較之昔日依無憂樹喫大家飯者，實霄壤矣！曹溪祖道源頭，雜穢充塞，久爲魔窟，今已灑掃潔淨，尚有未了公案，奈此中力竭，正欲遣致尊慈，作金剛幢，適辱使者至，斯豈祖意攝受哉？敬以此中因緣，述其大概，持入慧照，儻念末法，斯道寂寥，望震天鼓音聲，普告有緣，一覺夢幻耳！何如？

四

憂患人情，皆本體也，非握至眞之符，又何能轉煩惱作菩提，轉生死作涅槃？惟居士年來所處如此，足知大有所轉矣，非此又何以消遣哉？從來學道人皆在生死關頭，掉臂而過，前輩不能盡知，近年若羅近溪，則其人也。貧道身在瘴鄉，心存左右，無時不共周旋，是故居士種種三昧洞然無隱耳。嶺南自曹溪偃化，大顚絕響，江門不起，比得楊復老，大樹性宗之幟，貧道幸坐其地，歡喜讚歎不窮也。諸生俗習，稍稍破執，此亦開化之基。昨復老為作曹溪志序，眞赤心片片，可謂舌長拖地也。呈上幸覽，為此羣蒙歡喜耳。

與王醒東侍御書

壬子冬別後，次年大病，幾絕更生。及冬，卽度嶺之南嶽，初有休老意，因緣未果。且達師有未了公案。至丙辰夏，卽有吳越之行，覓公音問，竟不可得。先至廬山結夏，見其幽勝，遂有終焉之志。了達師事，卽於丁巳五月還歸匡廬，卜得山南五乳峯下，一邱一壑，足了餘生；其結搆之緣，端賴護法。今幸已得安居。二十年所慕，垂老始遂，足知人生山林之福，未易得也。

去夏若公來，遠辱書惠，始知公內艱家居，計釋服在邇，入都可期，舟過落星，舉首雲山一牛鳴地，佳會之緣，日夜望之！每念嶺南法道，千年以來，老朽雖未大振，賴公入社，諸子一時之盛，得馮龍二生表率，人人可觀。嗟哉！二子繼逝，斯道寥寥，獨恃公荷負之力，奈不能久與諸子周旋，散而無統，大為可悲！不意興衰之速如此！惟公天縱有餘，所恨法門未能深入，則護法有心，而於的當放捨一着，似未打破。故於世法佛法不無町畦，若得大開重門，內外洞然，若揭日月於中天，則曹溪衣鉢豈容陳腐？若公大力量人，不發無上菩提之心，則大重昏終無慧炬矣！老朽老矣，餘日無多，恆思此段因緣，深為痛悼！公其念及此乎？修六閉死關於金輪峯頂，甚為有望。若惺今留山中，姑為打葛藤，且令入智慧門。二子異日得公為護法，大弘此道，則老朽死且不朽，多劫之緣，亦不虛矣！他復何言。萬里如面，惟公鑒之！

答陳無異祠部書

山居與世益遠，每聞時事驚心，痛徹五內，不意一變至此！惟沖主子立，政出多門，所謂醫多脈亂，無怪其然，卽盧扁亦當束手爲之奈何？比者前車已覆，惟今只當愼行謹守，以固藩籬，培養元氣爲上策。若拘拘破器而以必完，爽口快意爲尙，所謂病不死人，而醫死之矣！此外更有何術？朝廷一時固多君子，縱能執經按脈，恐出奇多方，亦未必能取捷？公釋服在邇，當卽出補，不必以治亂爲行止，所謂『大火所燒時，我此土安隱。』一世事如奕棋，當局者迷，若有明眼傍觀，卽指點一着，率收全功，又何在於對奕耶？第不宜攘臂其間，令奕者厭；此吾佛所說貴善巧方便行耳！如何如何？承示孤明時復透現，第承當不勇，若言透現，乃自知之明；若云承當不勇，乃自信不及耳。然透現乃念念透現，豈但時復？第看破透現處本無一物，則念念現前者，卽本來面目。如此念念着力，念念無生，全體出現，又何有承當不承當耶？以當人一念自信不及，故起將謂別有之心，所以當面錯過，却道承當不勇。此病在別求之心，凡向道者，皆以此誤。公直就一念現前處看破無生，無生則本來無物，是則遠從無始，一念未移，從今而後，只此一念，更何別求？既唯此一念，更教誰承當耶？六祖云：『若論此事，輪刀上陣，亦可做得。』願公諦信此心，看破念念現前處，則念念精進。如此，則一切處無非大解脫場，又何有治亂之分耶？因對唔時難，不覺漏逗。

答錢受之太史書

一

山野深愧破器，有玷法門；況復久沈瘴海，甘塡溝壑，不謂天賜餘生，尚有今日。向以衰殘多病，將匿影窮山，適以雙徑有未了因緣，義干生死，不得少此一行，故踉蹌而來。雖不敢言善財南詢，且幸得以徧參知識。久嚮居士爲當代裴楊，法門保障，且知慈念慇懃，準擬一詣丈室。昨云慈航曾待於錫山，當面錯過，大爲悵然！適辱慈音遠及，法供種種，捧誦再三，彌感情至！益令妄想飛越，足不容緩；但雨雪連綿，少晴出山，尚有雲棲一行，湖上無多留連，歸次吳門，必入毗耶之室。先此致謝不宣。

二

山野居常恆憂法門寥落；即外護金湯，難得眞實荷擔之人！昨幸見居士，大慰夙心。現宰官身，豎正法幢，斯時大有望焉！若山野朽株，爲法門棄物，承法愛之深，自信夙緣。虞山之會，匆匆未盡所懷。辱聯舟遠送，更感惓惓！別後仲夏望後抵匡山，卜居山南七賢五乳之間，誅茅數椽，聊爾棲息。前寄八行時，尚未得定止也。一向老病相侵，幻軀故有溼疾作楚，冬來方覺小可。護法編時對披讀；諸老塔銘，言言指歸向上一路，得宗門正眼，我明法運大開，賴有此爲衡鑑，若剡施流通，利法不淺。其稿，竢明春當專持上。

三

向致楞伽筆記，此經的爲心宗正脈，未審曾留意否？近來東南衲子中，參究向上者多，苦無明眼宗匠指示，都落光影門頭，掉弄識神，被冬瓜印子印壞。又不肯親近教乘，求眞正知見，實爲難得！宰官中向三十年來，護法大心者不少，而求眞眞潛心本地功夫者，亦不多得。大段士大夫太煞聰明，無論若禪若教，一狀領過，從前目中數大名者，可概見矣。此時不但世諦，卽法門中更難，言之爲可流涕！方今世道澆漓，法門寥落之秋，非大力量人出，誰爲匡持？嘗謂匡世道在正人心，護法門在正知見。然正人心，必以正知見爲本。所謂不偏不黨，王道蕩蕩，非至公無我之心，何由一羣情而定衆志哉？然無我之學，必從法中參究功夫，將身心世界大破一番，揭露本有大光明藏，方能觀身世如空花泡影，視功名如夢幻水月，自然齊生死，一是非，超毀譽。如此，方敢言視天下爲一家，視羣生爲一身，廓然大公，斯則人心自正，世道可淳。而致君澤民之效，無越於此矣。諦觀宋濂溪之學，實出於此，故能羽翼聖祖，開萬世太平之業。讀護法編，未嘗不撫卷而歎也！季世末習，大有不可挽者，必若人，然後可言太平之治。且天道運而不息，豈斯世而絕無斯人哉？山野自愧爲法門棄物，生無補於世，而憂法之心，如出諸己，故所望於居士者，重且大。切願乘時深畜厚養，以胥天眷，其於社稷蒼生，引領翹足極矣，安忍不發深心重願乎？護法編，文章不必重加批點，但就諸祖塔銘開正眼處，略發一二，則已爲贅，幸蚤刻之，爲望！近拙述楞嚴通議，先已令致覽，此經廣博，包含一代聖教，迷悟因果，理無不徹，向來解者，未盡發揮；山野此作，大非故轍，似更易入。其法華通義，亦盡翻舊案。不知法華，則不知如來救世之苦心；不知楞嚴，則不知修心迷悟之關鍵；不知楞伽，則不辨知見邪正之是非！此三經者，居士宜深心究之！他日更有請焉。

四

護法錄，卽禪宗之傳燈也，其所重，在具宗門法眼，觀其人，則根器師資，悟門操行建立，至若末後一著，尤所取大。今於毫端通身寫出，不獨文章之妙，其於護法深心，無字不從實際流出，其於敎法來源，顯密授受，詳盡無遺，此古今絕唱一書，非他掇拾之比。今但就宗門諸大老塔銘中者，以正見正行爲主，如居士之見者大同，亦不敢更增染汚；其於碑記序文，特文章耳，則不必也。今以後寄底本覆上，若早刻一日，則法門早受一日之惠也！山僧向讀高皇文集，有關佛教及諸經序文，幷南京、天界、報恩、靈谷、能仁、雞鳴五敕建寺中，各有欽錄；簿中所載要緊事蹟。意要集成一書，以見聖祖護法之心；若同此錄共成一部，足見昭代開國君臣一體，亦古今所未有也。惟居士乘此留意一尋，最爲勝事；實山僧所至願也！

五

辱手教，委悉近況。且述眉公札中末後句，此山野久所切心，不待今也。養老社，蓋自慧誠首座願力，山野贊歎，願捨所居而已。此何時也，求安且不暇，又何以多事自擾乎？況年來衰病日至，足有濕疾，行履多艱，山居草草，聊爾棲息。且懼餘日無多，生死心切，閉關絕緣，單提一念，待死而已。

昨於中秋，業已從事。念二十餘年，苦海風波，青山白雲，時在夢想，今幸一旦遂之，又肯作等閒看耶？今關中一切禪道佛法，東之高閣，一味守拙。每想古人有「晝夜彌陀十萬聲」，今愧衰老，色力不充，自試常能強半，特効遠公六時蓮漏，以香代花，數月以來，身心自臻極樂。知垂念之深，故敢以告。

六

侍者囘，得法音，知近日心地脫灑，此非眞實工夫不易得也。甚慰甚慰！承示不二法門之要，無越高座一機，非特一法而已。心法序，誠孟浪之談，辱大手改正，頓成佳語，眞還丹點化之工，非敢言必傳，但存一種法門耳。承念國事艱難，無肯出死力者，此言固然；但觀從古捨身爲國之人，非臨時偶爾而發，蓋此等人品，有多因緣，非容易可擬也。一則當衆生大難之時，自有一類大悲菩薩發願而來，至其作用，皆神通發現，非妄想思慮計較中來，無論在昔，卽如我聖祖同時英雄，皆其人也。二則天生應運，匡扶世道之人，內稟般若靈根，外操應變之具，先有其本，及臨時運用，如探囊中，百發百中，此留侯諸葛與平原忠定諸公，卽其人也。三則亦自般若願力中來，負多生忠義，果敢習氣，剛方中正，確乎不可拔者，勘定大事，堅持不易，如文信國明之孝孺諸公，生性一定而不可奪者，卽其人也。方今自中天下人物，有一於此者乎？觀其發言議論，有能一定戡亂扶危之識見者乎？無其本而欲責其實，豈非過耶？故古之忠臣，有一定之材操，有必可爲之具，不用則已，用必見效；卽如當世才具兩全者，誰其人哉？故古之建不拔之功者，皆預定於胸中，如范蠡子房武侯，進退裕如，豈以空談為實事哉？即如東坡亦文章氣節耳。惟今居士乃一時所屬望者，第自揣其具，孰與於諸公耶？其所存者特一片赤心耳！苟材具不充，何敢言天下大事哉？此山野向者切切望居士深所養者此耳！以老朽觀居士之心，審處諸公可為之事業，志能為之，至若戡亂扶危，操何術以為之，是豈旋旋從中煆煉而能者耶？即今之事，特細故耳，更有大於此者在，惟願居士當早畜其具，幸無以軀命付之，為全策也；天下皆迷，豈一呼能覺？以知居士將有出山之意，故特遣訊，幸緩前綏，操具待時，天必有意，成就大業，萬勿輕脫！若素養已就，相時而出，一見便為，如蒼鷹拏兔，不留影迹，方是大手作略，豈為以顏面從人，而以軀命付之為得耶？高明以為何如？

七

自得居士去秋出山手書，云養身有待數語，極慰鄙懷。不意國運多故，外患內憂，朝野惶惶；沖聖子立，鉅肩爲難，幸一時夔龍濟濟，上賴祖宗之靈，下慰蒼生之望，如居士正宜堅秉願力，以負荷爲心，障囘狂瀾；切不可以慷慨意氣爲任，又難以隨時上下，爲善權方便也。此山林蔬筍心腸，在大光明藏中，必有以寢處也。所謂大道之妙，難以言傳耳。山野年來衰病日作，意非久處人世者，此生無復再晤之時矣，言之悲酸！山野所悲，不獨時事，卽法道寥寥，目中所賴護法之心，如居士者，指不再屈，豈特金剛幢耶？山野嶺南之行，所得印心弟子一人，爲馮昌歷者，卽四先生逸書之一也，惜乎早逝！（書尾闕數行）

復段幻然給諫書

連奉手書，具見老居士憂國憂民及憂法門之心，且辱周慮於山僧者，情何至也？山僧人雖草木，素抱懷出世願，爲法王之忠臣，慈父之孝子，此非虛談，蓋有所試。至若奉佛定業之訓，生平蓋有年矣。今不幸垂老，眼見世亂，此乃舉遭劫數，卽定業安可逃哉？顧逃之而不得者，乃名定業；若可逃而不逃，乃愚癡。況不以法門爲重，而固守愚癡，豈智耶？屢接明誨，深感護法盛心，非特爲山僧一人也。然所敎者，若一聞亂，卽推倒禪牀，喝散大衆，遂抽身而去，此蒼皇失措，似非智者所宜有，山僧不能一也。若云一鉢孤遊，固是高傑，但山僧年近八十，有愧趙州，二不能也。若云秋月爲養老可歸。卽可逃名，聞秋月山場數十里，果木養生之物滋設，且恐力不能守，乃投獻於王府，求遍於宰官，彼旣好名如此，豈避名之所宜耶？若往則彼以我爲奇貨，且老悖不字，此四不能也。然近名爲避名，我到人到，如靈龜曳尾，此五不能也。老居士之愛我憂我，固切且深，在山僧有不能奉教者五，故趦趄不能自決耳。前云曹溪亦不可隱，若以地言之，誠不可隱，若以理揆之，此老居士所未知也。然云不可隱者，以海寇爲憂，然曹溪去海將千里，揚颿不至，此無憂者一也。然山雖不深，而地處偏安，卽天下大亂，乃不必爭者，此無憂者二也。然道場今已千年，屢經更代，大亂不過唐之五季，而黃巢最慘，且親兵至此，感六祖之靈，捨營地爲供贍田，至今爲黃巢莊，是以魔王爲護法，無憂者三也。且祖庭禪堂，乃山僧所興之叢林，生平功業，惟存此一事，色色皆我之固有，往如歸家，不勞遠涉終南，此無憂者四也。且曹溪之兒孫，皆山僧作養之弟子，今彼思我如慈父，往則如父視子，不必投人，此無憂者五也。然所養贍，不但舊日之檀越，卽現在之山田可耕，蔬菓可食，不必遠求於世，亦不必待他人，此無憂者六也。且六祖道骨如生，乃法身常住，若依此中，則與法相依爲命，若法身壞而衆生乃死，此無憂者七也。聞之忠者以身殉國，若死於封疆，則死且不朽。今山僧願爲法王之忠臣，以佛祖慧命爲重，若在匡山，眞非逸老之地，卽守定業，亦死之無益。若於曹溪，以一日之暇，開導來學，以續慧命，使佛法不斷。山僧於此，縱遇大亂，卽定業難逃，死且不朽；正若以身殉國者，死於封疆，則死亦得其所矣。可不幸哉！況遠五可憂，而得七無憂，抑乃取之於固有，又何憚而不爲耶？彼中方伯監司，已三致書，請回山三年矣，今本府具書出帖，差僧來請，坐守於此，山僧情不得已，應命而往。誠恐老居士聞之，以我有違大教，故敢一一備陳，奉慰護法之深心，萬萬不必以流言悚聽也！惟心諒之！

復涿州石經山琬公塔院記

昔嘗閱藏教，睹南岳思大師願文：『願色身常住，奉持佛法，以待慈氏。』斯已甚爲希有矣！及觀光上國，游目小西天，見石經何其偉哉？蓋有隋大業中，幽州智泉寺沙門靜琬尊者，恐三災壞劫，慮大法湮沒，欲令佛種不斷，乃剏刻石藏經板，封於涿州之西白帶山；山有七洞，洞洞皆滿。由大業至唐貞觀十二年，願未終而化。門人導、儀、暹、法四公，相繼五世，而經亦未完。歷唐及宋，代不乏人。至有元至正間，高麗沙門慧月大師尚未卒業。其事顛末，具載雲居各樹碑幢間。惟我明無聞焉。何哉？！噫苟非其人，道不虛行，佛種從緣起，其是之謂乎？

初達觀可大師於萬歷丙戌秋，訪淸於那羅延堀；北遊雲居，至琬公塔，一見則淚墮如雨，若亡子見父母廬墓也，抱幢痛哭，徘徊久之而去。南遊峨嵋，囘至金壇，爲報父母恩，手書法華楞嚴二經完。越六年壬辰六月，走都下，屬太僕徐君琰造瑱函，將送置蘆芽萬佛塔，因暫憩潭柘。聖母慈聖皇太后聞之，遣侍臣陳儒齎齋具往供；儒隨師再過雲居，禮石經於雷音寺，時忽光爥巖壑。及揭殿中拜石，石有函，函中得銀匣，銀匣盛金匣，貯金瓶藏舍利三顆，燦若金剛，恍如故物；一衆稱異，悲喜交集。已而再禮琬公，是時塔院，業已爲寺僧賣之豪家，公骨將與狐兎同巢矣！師愴然而悲，卽以聖慈所供齋襯金贖之，不足，中貴人楊庭屬弟子徐法燈者，助完之。

師因避暑上方山，清亦來自東海，謁師於兜率院，談及此，擗掌痛慨！食頃，師上足密藏開公持贖院劵同琰至，師躍然而喜，卽拉清同過雲居禮讚焉。冒雨衝泥，窮日而至，右繞三帀，默存儼然，凛凛生氣。嘆曰：公其不朽哉！因感遇，與琰君共捐金購地若干畝，爲守奉香火資。

達師命清記其事，顧清何人，唯唯而作是言曰：盡大地爲常住法身，唯至人能知。一微塵有大千經卷，唯智眼能見。以如是身，說如是經，是法甚深奧，少有能信者；信之者豈易易哉？是以吾佛世尊，於曠大劫，觀十方界，無芥子許，不是捨身命，爲衆生故，而求此法處；剛求而得之，卽於一毛端頭現寶王剎，一微塵裏轉大法輪，是則所說三藏十二部，言言字字，皆吾佛骨血心髓也。故曰：「此經在處，皆應起塔供養，不須復安舍利，以此中已有如來全身故。」是以能持此法者，則爲報佛深恩矣！靈山會上，佛欲以此法付囑有在，是時人天百萬，無一人敢吐氣荷擔者，顧此大衆，豈非英傑丈夫哉？況親承佛教，心領佛恩，而猶逡巡畏縮如此。必待從地涌出六十二億恆沙衆者，此何以故？且又但許如來滅後五百歲，如是而已，況待慈氏，彌三災歷窮劫乎？足見持法之難也如此！

由是觀之，能起一念護法深心者，則爲諸佛護念矣。良由佛非法，無以成正覺；法非佛，無以度衆生；生非法，無以明自心；心不明，無以護正法，法不護，又便以報佛恩稱弟子哉？惟其佛滅而法滅，法常則佛身常住矣。佛以常身據法界，建大業，至若守護封疆者，固其多方，惟我南岳大師總持以願輪，不若琬公見之於行事。

雖然。佛業固大，非南岳無以振其綱；岳願固弘，非琬公無以纘其業；琬公固高，非慧月無以繼其志。於戲！因修者易，草剏者難，續燄傳燈，代有其人。若夫崢嶸法界，一始終，同休戚，苦心深慮，克紹如來家業者，除慶喜去童壽，唯我琬公一人而已！

噫！公功大矣！窮劫衆生受其賜。微公，佛亦左袵矣。是親承密印而來耶？抑六十二億之一耶？何其願力廣大如此也！慨夫濁世，知公者希，則公者貴。至若知公則公，又唯我達觀大師一人而已！唯公與師，正謂千載旦暮之遇也。

嗟乎！世不知公，則不知佛；然不知師，又何以知公哉？愚謂公心卽佛，公骨卽經，廣長舌相，不滅不生，佛法不朽，賴公骨存，骨與法界，相爲始終，今師與公，生死而肉骨之，業既往而又復之，則是重剖一塵，而出法界之經也，豈小緣哉？

嗚呼！公之骨託於師，師之心刻於石。後之覽斯文而不墮淚者，猶人聞父母心血骨髓而不動色，斷斷乎非眞子也！淸固謂吾徒有淚，定當灑於琬公之骨！

廬山五乳峯法雲寺記

　　廬山自南岳發脈，逆轉湘山界西粵，北轉星子臨武界東粵，至桂陽界吳楚，庚嶺分派，抽幹東走，經武功一帶，緜亘二千餘里，直抵潯陽。前彭蠡而後九江，盤踞二百餘里，如出水青蓮高插雲漢；南臨吳越，北眺中原，直與五岳爭雄，誠寰中一鉅麗也。

　　其來脈至圓通過峽，突聳馬耳諸峯，蜿蜒東走，二十餘里特起一峯，曰桃花，上倚重霄，爲茲山主中主。由是中分兩大幹，其一東行，列九奇如障，至含鄱口，北轉起乾剛嶺，賓中主。其勢盡東北，江湖合抱，迴旋盤紆。其嶺首抽東南一大幹，爲五老峯。回望彭湖，爲西江捍門，盡三疊泉，最奇絕處也。

　　峯下諸蘭若中淨妙，前五里，曰白鹿洞，爲晦庵書院，傳有李青蓮書堂，不可攷。五老首拖岡嶺，隨含鄱分水，邐西而南，下至星渚，爲南康郡城。此五老之南面也。

其乾嶺北行，至松光嶺分二派，東北一幹，爲蓮花峯，下走爲吳障山，直抵湖口，內有慧日諸蘭若。外衍平岡，十餘里爲周濂溪墓，南面蓮花峯又二十餘里，爲九江郡城。其嶺北幹西折，爲烏龍潭，下抽一枝，十餘里入平原爲太平宮。委蛇左轉，十餘里，爲東林遠公蓮社處。回望香爐峯，白香山草堂在焉，基尚存。其烏龍西行，經獅石、大林、水口、御碑亭、竹林、佛手巖、講經臺、香爐諸勝，結天池，回顧桃花，故爲山之主刹。巖下爲石門，即一山之水口。其山之中，曰黃龍潭，如花心一蕊。諸刹蘭若，列布如蕊香幢。此盡東幹之形勢也。

其桃花南發大幹，逆背來龍西走，中夾一谷，最高者曰大漢陽峯，爲南面之主山，雄峙中天，面吞兩湖，遠挹江南，一帶諸峯，羅列天際，如星拱北；一目千里，直抵湖口，回抱五老。此實東南一大觀也。

漢陽之西盡處，爲谷簾泉。前下平原，爲柴桑淵明故里。從半中而下，南抽一枝，腰聳一峯，孤立高數百尺，如空中浮屠，曰金輪。晉梵師耶闍尊者負鐵建塔，藏佛舍利於峯頂。下二里許，爲董奉杏林，至今稱之。

峯下平原爲歸宗寺，乃王右軍守江州時，建宅於此，後遇梵師跋陀多羅，遂捨宅爲寺。今有墨池，鵝池。故寺與東林角勝。自唐赤眼禪師說法於此，相繼三十餘人，在昔西江法道獨盛，故爲茲山首剎。此匡南之大勢也。

其五乳，則自大漢陽峯南面正中特抽一枝，起伏數節，卽大開一障，左背桃花，曰石人。諸峯東走而下，外結爲棲賢，對五老。由含鄱分水，而下繞棲賢，曰玉淵潭。水匯爲河，入星渚，左障內抱，如倒捲蓮花。中有石佛、擊竹、寶慶三蘭若。而寶慶爲昔大慧杲、英邵武、月公晦、寶峯悅、元首座諸大老隱居處，久廢，今重修。

又西爲臥龍岡。岡下一谷，谷中有菴，朱晦翁守南康時，往來其中，刻出師表於石；菴廢，石刻尚存。此漢陽前左障也。

其右障，列果子寨諸峯，至黃巖，瀑布從空而下，注爲潭。潭上大石，多古名人刻。前爲開先寺，乃李中主買建伽藍，爲諸祖說法處。山谷書七佛偈於崖石。王陽明破宸濠，有題。寺左轉，過一岡爲萬杉寺。此漢陽前之右障也。

其障正中，獨抽一枝，如馬鬣下垂，峯腹特起，一峯如麟角，曰胡鼻。左曳如屏，七峯并峙，上插重霄，曰七賢；昔唐高士劉軻讀書於峯下，後晦庵攜其子與門人陳正思、陳彥忠、俞季淸、甥魏愉，時遊其中，故以爲名。士人俗呼七尖，譌也。七賢之下，有五突如乳，故名五乳。上下相連，東抵臥龍潭，分水而下，此五乳之左龍也。由胡鼻拱揖，一峯連起，曰石鼓，冉冉而下，蜿若雲中遊龍，曲折緜亙數里，單提環抱，中開一掌，爲古寺基，倚七賢而面五老，如戟枝蓮；其寺深藏，如蓮中之薏，爲山南半腰最幽處也。

其中衆水歸壑，繞寺而下，出石罅中，約五里，至山足，會玉淵河流，內纏玉京山，入湖山，乃淵明舊居處。詩云：「我昔家玉京，」是也。五乳水口，有石峯，高數丈，上有磐石方丈，名劉軻讀書臺，至今土人稱之。誌載軻有書院，後改爲凌雲菴，在七尖下，古寺兵燬，事迹不可攷，遺礎存焉。後見崖刻，至正壬申四月，重修工完。其寺山場田地，至嘉靖初始爲民業，萬歷丙辰歲，予自南岳東遊，避暑於金竹，探幽及此，愛其一邱一壑，意將息焉。且卜居，適黃梅孝廉邢懋學用値購之，爲予逸老地；時黃梅大司馬汪公可受願爲興建檀越，浮梁尙寶陳公大受約某某捐貲鳩村，寺遂成。金沙於公玉立，居士繆公希雍，捐置香火田，故得安居。工肇於丁巳，落成於己未，郡守袁公懋貞爲文以記之。由是四方衲子日益至，遂成叢林，居然蓮花一葉中也。

寺左嶺，舊有望湖亭，乃晦菴建，基尙存。

其谷有蘭若，一在石鼓峯下，曰沖默齋。予有銘。最幽勝高敞，望湖外諸山，一目千里，羅列於前，如坐華臺出廣長舌，十方雲來聽法衆也。一在七賢峯下，曰芙蓉菴。面五老而蹋臥龍，羣峯羅列，如在几席。由菴入數里，大谷中名香谷，有石屛，前一大石，面如几，石下一洞，異香從洞中出，冉冉襲人不絕。一在近寺龍水崖，曰木石菴，蓋見志也。予亦有銘。是皆區內，若花心蕊也。其寺左谷中，有觀音葊遺址，誌云：『有古井二口，不知所在，今得之荒榛中。』又左臂爲歸一菴，卽接臥龍分水，會歸大河，又一區也。東坡云：『不見廬山眞面目，只緣身在此山中。』以山似蓮花，居者如坐花中，故面目惟在山南，獨五老七賢爲最勝。

其寺居壑中，倚漢陽諸峯爲屛障，回觀七賢五老坐於雲中，彭湖繞其外，湖外雲山，千里內拱，暗列於前，儼一華藏玄都也。梵侶日誦華嚴經聲琅琅，鐘鼓交參，與松濤泉響，共演潮音，又與茲山啓生色，第未能効遠公刻蓮漏禮六時耳！

西湖淨慈寺宗鏡堂記

武林西湖有山曰南屏。有寺居其上，曰淨慈，宋高宗南渡，崇五山十刹，而首茲焉。寺始於周顯德，吳越錢忠懿王建，初爲永明院；迎智覺壽禪師爲開山第一代住持，改今額。

大師得法於天台韶國師，爲法眼的骨孫。妙契單傳心印，博通三藏，達佛一大藏教，特顯三界唯心萬法唯識之旨。以佛滅後，西域唱導諸師以唯心唯識立性相二宗，冰炭相攻，以至分河飲水，破壞正法。及大教東來，不三百年，而達摩西來，不立文字，直指人心，見性成佛，是爲禪宗。於是遂有教外別傳之道。六傳至曹溪而下，南岳青原次爲五宗，由唐至宋，其道大盛。於是禪教相非。如性相相抵，是皆不達唯心唯識之旨而各立門戶。自梁唐而宋，四百年來，海內學者，嘵嘵競辯，卒不能起大覺以折中之；於是大師愍佛日之昏也，乃集賢首、慈恩、天台三宗義學，精於法義者百餘人，館於兩閣，博閱義海，更相質難，師則以心宗之衡準平之。又集大乘經論六十部，西天此土賢聖之言三百家，證成唯心，爲書百卷，名曰宗鏡錄，因以顏堂。意以一心爲宗，照萬法爲鏡。撤三宗之藩籬，顯一心之奧義。其猶縣義象於性天，攝殊流而歸法海。不唯性相雙融，卽九流百氏，技藝資生，無不引歸實際，又何教禪之不一，知見之不泯哉？良以衆生之執迷久矣，雖性相教禪皆顯一心之妙，但佛開遮心病，末後拈花，自語而自異，卒無以一之。由是執筌之徒，認指失月，孰能正之？世尊入滅二千年矣，自非大師蹶起而大通之，竊恐終古嘵嘵，究竟了無歸甯之日也！是知大師厥功大矣！集吾法之大成，使釋迦復起，功亦無越於此者，豈非夫子賢於堯舜遠耶？

或曰：從前諸祖皆了悟自心者，乃云向上一著，三世諸佛不許覷著。又曰：一大藏經，是揩瘡膿故紙。又見世尊初生，指天指地，卽要一棒打殺。乃至上堂示衆，未嘗不痛斥文字，不許親近教義。大師今以和會性相，强合一心，豈非有違達摩西來之指耶？抑諸古德有違一心之義耶？曰：此正以西來大意不明，互起偏見，故作今生之事耳。卽古德機緣，皆顯如來之大機大用，未嘗非佛之作略。卽如文殊起佛見法見，貶向鐵圍山中，又文殊亦曾持刀殺佛。其諸弟子入維摩丈室，種種受呵。是皆諸祖之機用，但爲遮遣調伏衆生之法藥耳，非實法也。但今初心淺智，不悟如來平等法界，故不能達離相之旨。惟如來說法，以海印三昧印定諸法，謂虛空爲帝青寶，虛明如鏡，大地山林，草芥人畜，森羅萬象，靡不現景於空鏡之中。而大海波澄，虛明洞徹，則空鏡之景現於海中，猶如印文。如來說法，以平等大慧圓照法界：衆生心念，皆知頭數；閻浮提雨，皆知其滴，如此是名海印三昧。由是觀之，則無一物不是佛心，無一法而非佛事，無一行而非佛行。一切諸法，安有纖毫出於唯心之外者乎？是知宗鏡之稱，以一心照萬法，泯萬法歸一心，則何法而非祖師心印？又何性相教禪之別乎？是則毀相者不達法性，斥教者不達佛心，不知佛祖之妙用，而執爲實法，所以正法眼藏難明也，可不痛哉！

今也，寺面西湖，湖水如鏡，四山羅列，六橋花柳，樓船往來，人物妍媸，歌管遠近，鐘鼓相參，晝夜六時，古今不斷於湖上。而殿中如來安然寂默，如入海印三昧時，未嘗纖毫出於宗鏡。卽今松風泉響，蚓吹蛙聲，猶是大師坐宗鏡堂揮麈會義說法時也，又何庸夫筆舌哉？是知茲山之地，甲於中州，寺首於諸剎，法超於教禪，心境最勝，則宗鏡之堂當與湖山相爲終始矣。

大師入滅，四百餘年，骨塔沒於荒榛，萬歷某年，寺僧大壑求而得之，移置於堂後，斯實大師法身隱而復現，當與茲堂常住不朽矣！

堂，無記，蜒乞予以志之。

讀異夢記

幻人東遊吳越，西還匡廬，舟過蕪關，關尹玉受劉君邀留信宿，適吳門管茂才席之從別道來，詰朝席之先至舟，訊幻人，即談玉受異夢事，幻人驚異之。及叩玉受，出乾城遊草，讀記異夢甚悉。

初玉受奉黔中聘，道中病臥下雋驛亭，夜夢一偉丈夫長喙突入，似有所求，而意氣尚陵厲不平，揖玉受與之坐，問其族氏。其人抗聲應曰：「余宋將軍曹翰也。以江州之役，多殺不辜，自貽伊戚，今復何言？」玉受夢中未悉江州本末，但憶翰與曹彬同將。乃曰『公受曹樞密節制，仁厚不殺，安所貽戚？』其人曰：『余憤江州久抗王命，先殺守將胡則，尋屠其城，取快一時，何知死受冥譴？一時同事諸人，并落異道；余獨爲豬，蓋余生時性多怒罵，舌鋒猛毒。既得豬報，聲多嚄嚄，或見擒捉，呼號四徹。冥中譴罰，尺寸不爽。乞公拯之！』玉受聽之悚然！因云：『余尚凡夫，何以脫公？』其人云：『公性慈藹，每見予輩，雅相憐愍，可憶往年有所見夢，荷公再生者，卽予也。』蓋玉受曾於戊申春，家奴以其租負，數有豬償者，夜夢一人乞命，卽命奴畜之，踰年自斃。夢中明憶往事，卽應曰：『實有之，但不知是公耳。今則余安所覓公？』其人云：『業報無定，昨償一近縣人債，不意有緣，於此得復遇公。今番又不知業運何所？』言下泣甚哀！徐收淚云：『某幸在唐太宗朝爲一小吏，聽一法師說四十二章經，某爲設供，感世世爲宰官；及宋初而報盡，遽作惡業，轉受此果。然幸有夙種善因，今得遇公，自今乞公：凡遇我輩，或見執，或聞聲，或見食余肉，爲持準提呪，或稱彌陀號，余暫堪忍其苦，定脫此報生人中，誓不更造惡業負公也。』玉受曰：『此余夙心也。矧奉教，敢負約！』其人喜，拜謝而去。

嗚呼異哉！業報昭昭，不爽如此，觀曹翰之始爲小吏，以聞佛法，作一飯僧功德，遂世世受福。及至善報將盡，且爲大將而恣殺業，豈惡習隨福報而大耶？良可畏也！以殺業之慘，歷受刀礁之苦。又六百餘年，仍以夙種善根，兩現夢於劉君，竟乞脫其苦趣。然而劉君豈翰初身說經之法師耶？觀曹翰之惡報不爽，而劉君之善根亦有自來矣！

幻人初聞其說，驚異之，及觀劉君乾遊草中異夢記，故爲之說：普告人天，以祟放生戒殺之德，彰明較著者也。且聞聲見肉，而持呪念佛，尙冀堪忍脫其苦報，況出眞慈戒殺放生者乎？

予是於雲棲之放生所，深有感焉！敬書此以告本寺知事：當依規則，凡在所放，皆有緣者，時看養殷勤，說法開示，念誦送死，皆眞實事，幸勿疲厭！若以佛性而觀，則資糧亦彼當有分者，幸無匱乏之令彼飢虛也！

曹溪祖庭地脈形勢緣起說

曹溪祖庭道場，始於梁智藥三藏，從西天來至五羊入中國，舟過溪口，掬水飲之，香美，乃曰：『此西天水也，源上必有勝地。』乃循水而上，見象山歎曰：『此宛然西天寶林山也。』遂與居人曹叔良言曰：『此山乃聖道場，一百七十年後，當有聖人於此說法，度人無量；宜建梵刹以待之。』叔良白牧侯，奏請武帝，勅建寶林寺，此開山之始也。

至唐元朔間，六祖起新州，得黃梅衣鉢，同入寶林，時寺已毀，唯一尼僧名無盡者，郡人也，菴居於後。六祖訪之，尼看涅槃經，乃問其字。祖曰：『字卽不識，義當問之。』尼曰：『字尚不識，安知義乎？』祖曰：『諸佛妙義，非關文字，』卽力開說。尼知爲異人，卽告父兄鄉里，率衆重修其寺，請祖居之。九越月，惡人尋逐；祖受黃梅之囑，遂逃去，隱於懷會之間，獵人隊中，一十五年。

儀鳳間，廣州法性寺，因聞二僧風幡之辯，祖曰：『非風非幡，仁者心動。」一時衆聞之驚異，詰之，乃知黃梅衣鉢所在，遂請示大衆，卽剃髮於菩提樹下，送歸曹溪寶林。爰自梁天監丙午，至唐高宗儀鳳元年丙子，得一百七十年，應智藥三藏云。

祖既說法於此，三十餘年，幻下悟道者，四十三人。南嶽靑原爲上首，於是道分兩派。後出五宗。是則傳燈所載。禪宗一脈，發於曹溪，若孔門洙泗也。

祖晚年歸者日衆，堂宇湫隘，乃謁里人陳亞仙曰：「老僧欲就檀越，乞一坐具地，得否？」仙曰：「和尚坐具幾許闊？」祖出示之，亞仙唯然。祖以坐具一展，盡罩曹溪四境，四天王現身，坐鎭四隅。亞仙曰：「也知和尚法力廣大。但吾高祖墳墓在此，他日營建，冀望存留，餘願盡捨，永爲寶坊。

然此地乃生龍白象之來脈，只可平天，不可平地。」遂捨之，竟成大法社焉，此寺之大成也。

予居常念禪門法道寥落，思天下禪宗一脈，出於曹溪，今其道不彰，必源頭壅塞，宜疏濬之，此久願也。萬歷丙申予以弘法罹難，恩遣雷陽，初謁六祖，入曹溪，觀其山川形勢，宛若踞地之象，牙足儼然。初，寶林寺包於左領之內，而祖殿正坐於象鼻。予細察之，其當鼻中穿一後路，截爲兩斷。又思象命在鼻，必有數節。見祖殿後低窪空闕，北風大吹，歎曰：山脈已斷，此法道所以凋零也！

時寺僧被流棍夥住，屠沽作難，道場幾不可保矣，於是種種方便而調護之。及庚子歲，時本道祝公，心切憐憫，連請一整理之。予初入山，卽塞來龍之路，擔土培祖殿後山一座，疏卓錫泉，引入香積廚，遶於殿前，衆得飲之。乃請制臺令行本縣，盡驅逐流棍。由是道場一清。此中興之最初一步也。

予見寺之舊制，雜亂參差不齊，殊不可觀，經畫爲難，且工程浩大，力難頓整殿宇僧房，扼塞不通。日夜詳察思之，乃因其勢列爲三局，以祖庭爲正中主刹，先開闢廻廊門徑神路，廓其胸次，開眞眉目。其左局卽古寶林寺也，以　丈爲主。前法堂之下，卽當時諸祖悟道之禪堂及香積廚，盡設爲僧居。予買空地，移僧房八主，乃得其故址，修堂宇以安作養。本寺僧徒，業已拮据，八年於茲，所費不貲，心力已竭，而願猶未滿。其大佛殿一區，列位右局，因見殿前坑窪，塡尙未平。殿前正面，爲羅漢樓，乃深陷丈餘。樓前卽虎沙塞胸，猶是荒山。中出山門一徑，如車廂之陜隘，殊無大體，深思所以，乃悟知爲六祖晚年未竟之功也。以正殿之基本是一潭，詳其山形，始爲象之兩牙交合處，其中渟滀一山之水，故其最靈，有龍居焉，號爲龍潭。當鼻之右頷，乃亞仙祖墓之前下沙，今爲祖殿之右臂也。想六祖乞陳亞仙地時，欲修殿，乃先降其龍，鑿斷合處，似成一渠，以放水出，方塡其潭，以建大殿。其殿方成，而祖卽入滅，故殿前潭尚未及塡平，放水之道，不及料理。後人因其缺陷，遂建樓於上，而下卽塑天王像，其苟且狹陋，全失大體。此其山脈已鑿，地又失形，故千年以來，細閱傳燈，而曹溪未見出一人也！由是觀之，道脈豈不係地脈耶？此予所以日夜腐心，而不能忘情於此也。故先將兩局，麤麤料理，略有其次，將重整右局，其工力不減於六祖開創時也。以從山門之後，殿堂八座，盡皆朽敗，非仗神運之力，安能爲之耶？

先是戊申歲，嶺西道馮文所公，入山見其正殿相傾，遂發心重修，隨白制府戴公，慨然樂助，一時司道府縣，上下共施千金，先辦木料，予躬自經營，方運木到山，而魔氣卽發，遂阻其功，予卽浩然長往矣！今已十年於茲，奈形骸已衰，心願未滿，將作來世公案耳！但念佛法禪道，自達磨西來，衣鉢止於曹溪，而道脈源流，佛祖慧命，乾坤正氣，並如洙泗，終古人心世道所關，乃我震旦國中，第一最上功德之事。雖法有隆替，世有代謝，而大道一脈，亙窮刼而常然不朽者，此在象教所係山川之靈也，此外更有何法爲天地綱常哉？此愚思報佛恩君恩，未敢一息忘之也。

予初心願代六祖了未竟之功，第一重修正殿，欲培全龍脈。將殿前鑿斷之渠，重築如故，內留一池，滀一山之水，以聚其靈。將羅漢樓，改爲大毘盧殿，以爲主刹。樓前虎沙取用，大開明堂，修兩廊以安羅漢。前立天王殿，以完正局。外山門從舊，其鐘鼓樓，原係古寶林寺者，今在左局禪堂之前，已不可動。但於山門之外，左右築兩高臺，建鐘鼓於上，以全一寺之規模。其餘殿後大藏經閣諸所，皆因其舊制而重新之。法堂重修，但正其向。卽此一圖，以收三局爲一寺，其功不減於最初開創時也。切念予今老矣，餘日無多，況此何時，安敢復萌此念乎？第以天地大運揆之，近見黃河已淸，聖人復出，堯舜利見，夔龍挺生，三五之化，將在今日。仰仗聖明之覆育，社稷之龍靈，風雲際會，豈無大心菩薩現應化身作大佛事者乎？

嗟予老矣！卽塡溝壑，特特留此，重見建規，以待命世之眞人，卽有作者，照此規式，乃不負區區初心，以全山川之道脈，是卽六祖在現於世也。九原之下，切有望焉！

雜說

滾滾紅塵，漫漫世路，多少英雄，盡被擔誤。賞心樂事，詩酒忘憂，琴書雖雅，猶讓一籌。金谷蘭亭，於今荒矣，縱有虛名，與人俱已。竹下逢僧，日中何有？豈但偷閒，徒爲借口。是知出世最上一著，可惜時人昧而不覺。五欲場中種種惡緣，如沸湯烈火，能發一念爲生死心，如火中生蓮，甚難得也！苟不深生厭懼，求出離道，難免燒煑！

卍

世之聰明之士，生來但知世間功名富貴妻子愛戀之樂，以爲人生在世，止此而已，不知大有過於此者。古之豪傑之士，直出生死者無他，特看破此耳。卍

佛言：『我於然燈佛所，實無授記，若有授記，卽爲著我。』作佛猶恐著我，況生死事業乎？卍

『但願空諸所有，切勿實諸所無，』此語不獨爲老龐家傳之祕，佛祖皆然。卍

前聖所知，轉相傳授，妄想無性，若妄有性，則佛祖無出頭處，刹那刹那，生滅之稱也。悟無生者，方見刹那，此語疑殺天下人。

卍

如幻三摩提，金剛王寶覺，彈指超無學，此法神速若是。仰山夢升兜率天白槌，與文殊貶入鐵圍山公案，是同是別？世尊偏向魔王宮中說心地法門，可笑別無淨土耶？

卍

一切諸病，從癡愛生，癡愛不生，顚倒想滅，名爲涅槃。一切法不生，我說刹那義，當生卽有滅，不爲愚者說。是可與愚者說耶？

卍

夢、幻、泡、影、露、電、陽燄、鏡像、水月、乾城芭蕉，此十種喩爲入道基本，知之者希。

卍

妄想興而涅槃現，煩惱起而佛道成，此法唯五眼圓明，方許知見。

卍

『三寸氣消誰是主？百年身後漫虛名。』此語，如來二十年破執之談，無以過之。

卍

眞歇了禪師臥病詩云：『病後始知身是苦，健時多爲別人忙。』誠哉是言也！

卍 性本非水火，寒熱自然生，此予昔居海上時，病中詩也。今寄居海外，故病忽作，宛若舊態。蓋病不因地異，情不爲境遷，而趣味自別，難以語人。

卍 東坡云：『凡有所好，必有所蔽。』余讀居儋耳集。覺範後至海外，就舊館訪其遺事，有老嫗答曰：蘇相公無奈好作詩，何老嫗尚知其好，豈非蔽耶？

卍 東坡初被放，至嶺外，食荔枝美，因云：『日啖荔枝三百顆，不妨常作嶺南人。』余始誦之，將謂其矯。余居此幾六年矣，每遇時新一度，不覺誦此什佰過。

卍

余平生愛書晉唐諸帖，或雅事之。宋之四家，猶未經思。及被放海外，每想東坡居儋耳時，桄榔蓉中風味，不覺書法近之。獻之云：『外人那得知此語，』殊有味也。書法之妙，實未易言，古來臨書者多，皆非究竟語。獨余有云：如雁度長空，影沈秋水，此若禪家所說，徹底掀翻一句也。學者於此透得，可參書法上乘。

卍

昔人論詩，皆以禪比之，殊不知詩乃眞禪也。陶靖節云：『采菊東籬下，悠然見南山，山氣日夕佳，飛鳥相與還。』末云：『此中有眞意，欲辨已忘言。」此等語句，把作詩看，猶乎蒙童讀上大人丘乙已也。唐人獨李太白語，自造玄妙，在不知禪而能道耳。若王維多佛語，後人爭誇善禪，要之豈非禪耶，特文字禪耳。非若陶李，造乎文字之外。

卍

余少時，讀陳思王洛神賦，『翩若驚鴻，婉若遊龍，』只作形容洛神語，常私謂驚鴻可睹，遊龍則未知也。昔居海上時，一日侵晨，朝霞在空，日未出，紅萬里無雲，海空一色，忽見太虛片雲乍興，海水倒流上天，如銀河挂九天之狀，大以爲奇。頃見一龍，婉蜒雲中，頭角鱗甲，分明如掌中物，自空落海，其婉蜒之態，妙不可言，世間之物，無可喻者，始知古人言非苟發。因囘思非特龍也，佛之利生，威儀具足，故稱大人行履，如龍象云。

憨山緒言

我信人不信，非人不信，信不及也。人信我不信，非我不信，不足信也。故我信信心，人信信言，言果會心，則無不信矣。

卍

銖兩移千鈞之至重，一私奪本有之大公，私也者，圓明之眚，生死之蔕也。是以得不在小，失不在大，聖人戒愼恐懼不睹不聞之地。

卍

勞於利，勞於名，勞於公，勞於道，其勞雖同，所以勞則異也。是以有利不有名，有名不有功，有功不有道；有道者，道成無不備。

卍 陸魚不忘濡沫，籠鳥不忘理翰，以其失常思返也。人而失常，不思返是不如魚鳥也，悲夫！

卍 趣利者急，趣道者緩。利有情，道無味；味無味者，緩斯急也。無味，人孰味之？味之者，謂之眞人。

卍 心本澄淵，由吸前境渾濁其性，起諸昏擾，悶亂生惱，推原其根，其過在著。

卍

一瞖在眼，空華亂起；纖塵著體，雜念紛飛。了瞖無華，銷塵絕念。

卍

至細者大，至微者著，細易輕，微易忽，衆人不識，聖人兢兢。由乎兢兢，故道大功著，萬世無過。

卍

物無可欲，人欲之，故可欲。欲生於愛，愛必取，取必入，入則沒，沒則己小而物大，生輕而物重，人亡而物存。古之善生者，不事物，故無欲；雖萬狀陳前，猶西子售色於麋鹿也。

卍

吾觀夫狎虎狼者，雖狎而常畏，恐其食己也，故常畏。色欲之於人，何啻虎狠哉？人狎而且玩，食盡而心甘，恬不知畏，過矣乎！虎狠食身，色欲食性。

卍

難而易，易而難，衆人畏難而忽易，聖人畏易而敬難；是以道無不大，德無不弘，功無不成，名無不立。

卍

富不大，以其蓄，有蓄則有亡，故不大。貴不至，以其高，有高則有下，故不至。是知達人無蓄，故富莫大焉；無高，故貴莫至焉。

卍

天地循環，千變萬化，死生有常，人莫之測。不測其常，殉物而忘。聖人返物，故乃昌。

卍　塵垢汚指，必濯而後快；貪嗔害德，而不知祛，是視德不若一指也。指汚有生，德害失性。

卍　負重者累，多知者勞。累久則形傷，勞極則心竭，殆已！所以殆者，事外也。是以重生者，事內不事外，循已不循入，志存不志亡。

卍　人謂之盜物者爲盜，非盜也；吾謂之盜心者爲盜，確已夫。夫盜，盜物未必盡，有禦必不入，設入必獲，獲則死無容；既死矣，奚盜哉？夫盜，盜心必盡失，禦急而愈入，設獲且生，而多又縱之。尤有誨之者，慎之哉？

卍

治逆易，治順難，逆有對，順無知。故有知者遇逆如甘露，畏順如鴆毒，慎之至也。以其慎，故守不失。慎也者，成德之人歟。

卍

人以大巧，我用至拙；人巧以失，我拙以得。故善事道者，棄巧取拙，無不獲。

卍

恣口體，極耳目，與物鑺鑠，人謂之樂，何樂哉？苦莫大焉！隳形骸，泯心智，不與物伍，人謂之苦，何苦哉？樂莫至焉！是以樂苦者苦日深，苦樂者樂日化，故效道之人，去彼取此。

卍

自信者，人雖不信，亦信之矣。不自信者，人雖信，亦不信之矣。故自信敦誠，人信易欺。誠者精．欺者日渝。智照識惑，惑起千差，照存獨立。故致道者．以照照惑，貴智不貴識。

卍

觀夫市人莽行，失足於窪，然必惕然揮臂以自誓者，爲嫌其汚履也。今夫人者，處下德而晏然，不惕不誓，是自短於市人，而土苴其道德也，悲夫！

曹溪寶林禪堂十方常住清規

惟我六祖大師說法曹溪，天下衲子歸之。祖設安居，以容廣衆，此禪堂之設最初之始也。至百丈大師，立律條以約多人，此清規創初所由立也。自此凡天下叢林，皆有禪堂，以行清規，名爲十方常住。雖千萬指，如一人之身，頭目手足之相須耳。惟曹溪禪堂，自六祖之後，今千年矣，久而遂廢。凡本寺僧徒，分煙散火，居止不一，而清規不行。卽十方衲子禮祖而至者，茫然無歸。雖有祖庭之設，無復淸修之業；甚至不異編氓，豈禪源根本之地焉？老人蒙聖恩度嶺，承當道護法盛心，不忍祖庭之零落；命寺僧延予，以整理之。予至則苦心一志，以中興祖道爲心，除修殿宇乃淸寶林舊址。僧房塡塞，遂捐資別買空地，移僧房七所，闢成一區。復立內禪堂一座，以安常住僧衆。立外堂一座，接納十方往來。除常住香燈外，別捐己資，贖紫筍莊田，山園地土，以爲供贍，名爲十方常住。安居既就，四事既周，恐居是堂者，不能律身進道，及堂中主者，不諳古德淸規，事有差舛，言行乖違，有壞法門，不唯有辜創立之心，實負龍天護法之意。凡日用事宜，略設條例如左，賓主各宜遵守，以圖永久光揚祖道，庶使法門不墜，道業可成；老人仰續六祖如綫之脈，亦稍攄其本願矣。凡我弟子，務宜守之，愼勿輕忽！

一、佛說常住有二種：一常住，常住卽今之寺。立住持以主之，稱曰長老，爲一寺領袖。一十方常住，卽今之禪堂。立堂主以主之，爲十方領袖。故居是堂者，無論內外，皆稱十方，以發心修行，志超方外，非世俗比也。其清規禮法，如住持例。但住持與衆僧，有上下之分。若主禪堂法食均等者，則有師資之分，稱曰堂頭。如今之少林。若但掌禪堂事務，稱曰堂主，與衆有賓主之分。卽今之諸方，凡在堂之僧，日用助道，四事因緣，皆實賴之。叢林一切大小事務，皆仗荷之。衆皆拱手而已。非細事也。是須遞相恭敬，內外和合以道爲懷，勿妄生議論，以求過端。所處禮法淸規，自有定例，務安分守成，勿妄增減！

一、禪堂之設不輕，堂主之任甚重，以十方眼目，指矚一人，直須言行端潔，以副衆望。故居是任者，務秉慈悲心，廣大心，軟和心，忍辱心，謙下心，以菩薩修行心，如橋梁，如大地，方堪荷負衆生，乃稱妙行。故凡日用飲食，與衆同甘苦，不得私自偏衆；滴水莖菜，以衆爲心，不得專任己意，以取識謗！衆僧有過，當白堂中板首，婉言方便處之，不得遽出暴言麤語，任情呵責！不得苛刻佃民，以招怨謗！凡一應執事，務要斟酌賢否，不得妄用匪人！常住錢穀，當撙節浮費，不得過用！若係當用，宜與板首預先商確可否，查書記簿明開支銷，不得專任己意！

一、堂中歲計，即常住租課，每年不足三分之一，所欠甚多，並無實法，但憑大衆修行，以感龍天外護，俱在堂主一肩募化。萬一不足，大衆只宜同甘淡薄，不得過求豐美，妄貸債負，以累常住！

一、作務行人，苦心勞力，終歲辛勤，冬夏二季，必須量給單布，以助道心。但常住歲計不足，實難定規；是在堂主多方設處，否則不能以安行人。其堂中在單僧衆，理宜均等，但力所不及，勢難措辦，貸則返累常住，難以持久。若就八月會中，緣雖一定抑恐預有借辦，當卽塡還。今照所有施利，先除還所負，餘則斟酌多寡，量散堂中，以助道緣，難爲定例。若更有餘者，存貯以實常住，不致空虛，庶可持久。儻有施主專意布施，隨所發心，不屬常例。

一、堂中歲計，全在八月會中，施主齊集，所有齋僧布施，米則入庫；其有銀兩，當立櫃一具，簿一扇，書記請公正一人同掌，其有折米銀兩，卽當據實眼同登簿，不得移作本色乾沒！其辦齋銀兩，亦登入簿儲積。日逐當衆支用，書記別登支銷簿，以備稽查，堂主不得私自出入！其有念經拜懺銀兩，亦登入簿，以待會罷通融散衆，堂中不得執爲己有，以在道場內外一力，故不得專？若外有送茶果之資，係堂主者，堂主自收入己。有送堂中者，及榜疏佛事等項，是在堂中專執。施主專心，則聽公取。如越例而爭者，準清規例，據其所爭，照數倍罰；辦齋一供，如不遵者，不共住！

一、堂中坐單僧衆，俱係作養。本寺僧徒，離居不遠，切近親朋，但恐熟處難忘，不得時常託故回房，縱意妄爲，飲酒博奕，遊蕩嬉戲，或酣醉到堂，惱穢神明，輕欺禮法！犯者堂主白板首！重者不共住！輕者當衆罰跪香一炷，懺悔改過；若不遵者，亦不共住！

一、在堂僧衆，皆老人作養，以光祖道，唯以修行爲心，各宜謹守戒法，調練三業，制伏過非，勿使造業！不得聚首妄生議論，蠱惑正人，以啓事端！或勾引匪人，破壞常住，盜取什物；違者與犯者同坐！

一、堂中一切事務，及歲計周支，俱在堂主一力擔荷，以一人而肩衆事，誠難一一恰好，倘有差失，大衆亦當體亮，念其勞苦，不得求全責備，妄指過端，以生別議！若果有過差，當會同板首，就方丈中茶話，款敍諫正，不得遽發麤言，以傷道體！

一、凡十方遠到衲子，俱在外堂旦過寮安歇，必須入堂問訊板首卽當領衆回禮敍謝，知賓款茶不得坐慢，取罪十方！若是知識法師，及高賢衲子，卽白堂主，當延入內室寢室安居；或經冬夏，務盡心恭敬供養，大衆朝夕咨請法要，不得輕慢，以增罪過！若在旦過寮借歇三五日者，其齋食皆出內庫，堂主務要時常經心檢點，勿使缺乏！當立寮主，以司接納。若內堂遇有辦齋，次堂亦當普請。

一、禪堂事務至簡，租課只就板首催取，或堂主親徵，故執事不必多立。但知客一人，必不可少，以應答往來賓客，接待十方衲子；此職務在得人，如缺其人，卽以堂中值日僧代管。客至必須款留待茶。若施主專至者，必白堂主禮待，勿退信心。若十方衲子，亦須辨白賢愚，勿輕去留！

一、叢林公務，有事不分內外，一例普請，此天下古今之通規也。今本山道糧則施主親齎，莊租則佃民自送，打柴則行人入山，此多無多勞役，唯有溪邊運柴，園中料理蔬菜而已。如遇普請，堂中止留值日一人看堂，其餘齊赴，不得躱避，違者罰跪香一炷！

一、天下叢林，無論內外，法屬同體，而在堂者，賴行人以助道業，行人施力用以資修行，其實勞者居多，非道心堅固者，不能久甘苦行，大段非世俗役使者比也。凡係常住公務，而禪堂板首，領衆指點作爲，一一皆聽，不許抗違！若各人私事，非係熟情，不得私自驅用！卽有務下行人叢雜，或致喧爭，及過費食物，或偏衆飲食，犯種種過者，先有典座，聽其約束！如不和合，聽堂主處分，照清規例，去留任理。堂中儻見有過者，亦當白堂主治之，不許徑自麤言辱詈，以致諍論。以行人可否，皆堂主通達其情，非一偏可據，故其莊民，非公事不得擅用！

一、安務下行人，專在堂主檢點，安留堂中，不得私情强留親友，恐有不法，破壞常住，以累舉者，事發有犯連坐。

一、在堂皆係作養，本寺僧徒，今見叢林有緒，規模可觀，或有本寺後進之徒，素無德行，不服受業師長教訓，希圖安閒快意，假以入堂爲名者，決不許入！或已入堂，不守清規戒律，任情狂爲，不隨衆禮誦，專一養嬾，或不時在外，仍行飲酒茹葷，全無慚愧，只託虛名，不務實行，攪羣亂衆者，堂中板首悅衆請堂主同白住持，頭首，即遣出堂，不許久留，以傷衆德！如不遵者，住持當以法治，愼勿狥情，養成後害！

一、天下叢林，自有百丈清規，永爲成法。但本山禪堂，名雖十方，非諸方比也。以老人入山之初，切念祖道衰微，僧失本業，老人志在中興，以人材爲本，故始捐束修，以教習沙彌及披剃，則建禪堂以教修行，捐衣資以置供贍，種種苦心作養，無非上爲六祖，以續道脈，下接十方，以光叢林。今奈老人薄德，不能以滿本願，中道棄置而去，則立十方堂主，以代老人之勞。但一應所用，欠缺尙多，堂主縱體老人之心願，亦無老人之道力，恐有缺漏，不能周至，本寺頭首執事者，舊大衆，各宜體亮！當念祖庭，無禪堂不足稱道場，無堂主、不能接十方，保多衆，若屬本寺，未免狥俗，則不久而廢。是故本山與堂主，有賓主之義，各當以道爲懷，賓主各盡其禮，不得任意苛責，以傷和合，則有壞叢林，以負老人建立之意；獲罪六祖，取譴龍天，是當謹戒！

右上條件甚多，不能備悉，卽此所列事宜，雖非古規，乃切救時弊，就此寶林道場，苟能一一遵而行之，則祖道之興，在此舉矣。幸勿視爲尋常，輕而忽之，有負建立之心也！凡在堂者，各宜勉之！

萬歷四十一年十一月十二日，中興曹溪寶林禪堂憨山老人德清書於十方常住。

高僧選集憨山大師集終

本集自夢遊集及性相通說中選出

國家圖書館出版品預行編目資料

憨山大師開示語錄／僧懺法師輯錄. -- 1 版. -- 新北市：
華夏出版有限公司, 2022.04
面； 公分. -- (Sunny 文庫；223)
ISBN 978-986-0799-94-1(平裝)
1.CST：禪宗 2.CST：佛教說法

226.65 111001107

Sunny 文庫 223
憨山大師開示語錄

輯　錄　僧懺法師
印　刷　百通科技股份有限公司
電話：02-86926066 傳真：02-86926016
出　版　華夏出版有限公司
220 新北市板橋區縣民大道 3 段 93 巷 30 弄 25 號 1 樓
電話：02-32343788　傳真：02-22234544
E-mail：pftwsdom@ms7.hinet.net
總 經 銷　貿騰發賣股份有限公司
新北市 235 中和區立德街 136 號 6 樓
電話：02-82275988　傳真：02-82275989
網址：www.namode.com
版　次　2022 年 4 月 1 版
特　價　新台幣 450 元 (缺頁或破損的書，請寄回更換)

ISBN：978-986-0799-94-1

《憨山大師開示語錄》由佛教出版社同意華夏出版有限公司出版